우리들의 목소리 2

아시아 페미니즘과 여성 운동의 현장

VOICES FROM ASIAN FEMINIST ACTIVISM

EGEP BOOK 시리즈

우리들의 목소리 2

아시아 페미니즘과 여성 운동의 현장

이화여자대학교 아시아여성학센터 기획 | 장필화·이명선 엮음

이화여자대학교출판부

| 책을 펴내며 |

이 책은 『우리들의 목소리 1: 아시아 페미니즘과 여성 운동의 현장』에 이은 두 번째 책이다. 2014년에서 2015년 사이 이화글로벌임파워먼트프로그램Ewha Global Empowerment Program: EGEP 5기부터 7기까지 참가했던 아시아 여성 운동 활동가들의 발표 논문들 가운데 몇 편을 모아 우리말로 담아낸 것이다. 여기에 모은 글들의 영문본은 아시아여성학센터에서 발간하는 국제 여성학 학술지 *Asian Journal of Women's Studies*의 특별 코너인 'Voices from Asian Feminist Activism'(Vol.20 No.3~Vol.21 No.3)에 게재되었다.

다양한 국가와 민족 배경을 가진 젊은 여성 활동가들이 참여하는 이화글로벌임파워먼트프로그램(EGEP)은 여성주의 교육의 한 장이자 실천의 현장이다. 여기서 활동가들은 아시아 여성들이 당면하고 있는 경제적·정치적·사회적·문화적 여성 문제를 함께 논의하고, 이러한 문제들이 각자 개별적인 이슈가 아니라 지구지역적으로 서로 연결된 문제임을 깨달으며 초국적 연대를 도모한다.

이 책에서는 인도, 중국, 말레이시아, 캄보디아, 스리랑카, 인도네시아, 파키스탄, 우즈베키스탄, 방글라데시에서 온 9개국 여성 활동가들이 쓴

11편의 글을 싣는다. 1권의 경우 '가부장제와 섹슈얼리티'(1부), '여성 인권과 노동'(2부), '재난과 여성 임파워먼트'(3부), '대안 페미니즘 운동'(4부)의 주제하에 14편의 글이 게재되었고, 이번 2권에서는 '이름 없는 폭력'(5부), '분쟁과 정의'(6부), '변화를 위한 연대'(7부)의 세 가지 주제를 중점적으로 다루고 있다. 특히 '변화를 위한 연대'의 경우 EGEP 졸업생들이 공동 작업을 통해 생산한 글이라는 점에서 특별한 의미를 갖는다. 이들은 개발, 재난, 카스트 제도와 같은 이슈를 지역 사례 연구 혹은 국가 간 비교 연구를 통해 접근하면서 변화를 위한 초국적 연대의 가능성을 탐색하고 있다.

1장에서는 인도의 동성애 차별과 금기의 문화 속에서 LBT(동성애 여성, 양성애 여성, 성전환자 남성)가 어떠한 차별과 혐오, 폭력을 경험하는지를 밝히고 있다. 수타누카 바타차리야는 인도의 주류 여성 운동이 동성애와 양성애 여성의 인권에 대해 암묵적인 지지를 하지만 성전환 남성의 문제는 외면하고 있고, 섹슈얼리티의 권리 문제보다는 빈곤, 교육, 실업, 가정폭력과 연관된 젠더 문제를 더 시급하게 다루고 있다고 비판한다. 인도의 LBT 활동가들은 차별과 폭력에 굴하지 않고 퀴어 페미니스트 운동을 시작해서, 2003년 '평등을 추구하는 사포'라는 단체 및 네트워크 설립을 통해 연구, 기록, 출판 활동을 중심으로 사회적 행위자로서 동성애자의 인권과 평등, 역량 강화를 위해 변화를 모색하고 있다.

2장에서 중국의 영 페미니스트 웨이팅팅은 1995년 베이징 유엔 세계여성대회에 참석했던 중국 페미니스트들과 LGBT 운동가들을 인터뷰해 베이징 회의가 중국 내 레즈비언 운동에 어떠한 영향을 미쳤는지 분석한다. 베이징 회의 이전까지만 해도 중국에서 동성애는 범죄이자 정신이상으로 취급되었다. 1995년 베이징 회의 이후, 중국 퀴어 운동가들이 본격적으로 운동을 시작하게 되었지만 중국 사회에서 레즈비언 운동은 지배적인 가부장제와 이성애중심주의로 인해 여성 운동에서 소외되어 왔다. 이후 성소수자를 중심으로 구성된 영 페미니스트 행동 그룹은 가정 폭력, 강제 결혼, 성희롱 등 다양한 여성 문제에 대해 국제적으로 목소리를 높여왔다. 그러나 영 페미니스트들의 행동은 중국 정부의 활동가 체포와 억압 등 힘겨운 시기를 맞고 있고, 이에 따른 새로운 전략과 방법을 요구하고 있다.

3장은 말레이시아 연구 활동가 텡구, 하림, 시티 3인의 공동 연구로, 말레이시아에서 친밀한 파트너로부터 폭력을 경험한 여성들의 지원에 대한 연구를 다루고 있다. 말레이시아의 경우 여성 중 약 36%가 남편 또는 애인에게 구타당하는 것으로 나타난다. 말레이시아 여성들은 친밀한 파트너로부터 정서적 폭력, 신체적 폭력, 성폭력을 경험하는 경우 먼저 가족이나 친구 등 비공식적 지지 집단에게 도움을 청하는 것으로 분석된다. 반면에 신체적 폭력의 강도가 높거나 성폭력 피해의 경우 여성단체의 서비스를 이용하는 비율이 높았다. 피해 여성들의 여성단체 서비스 이용에 대한 만족도는 높은 반면 경찰과 지역 지도자에 대해서는 불만족스러워했다. 이러한 결과는 친밀한 파트너 폭력을 겪은 여성을 지원하는 다양한 프로그램 및 공식적·비공식적 서비스의 필요성을 보여준다.

4장에서는 수십 년에 걸친 내전과 대량 학살 이후 모든 분야의 발전을 꾀하고 있는 캄보디아의 취약층 여성들을 위한 의식화 및 역량 강화 프로그램을 소개하고 있다. 로트바테이 소반이 활동하고 있는 '젠더 카페'는 취약계층 여성들, 즉 유흥업 종사자, 노점상, 공장 노동자, 철거민 여성들을 위한 사업으로, 안전하고 자유로운 공간에서 여성들이 자신의 경험을 공유하고 토론하는 정기적인 모임이다. 젠더 카페 회원들은 후속 사업, 멘토링, 캠프, 사례 발표, 라디오 쇼 출연 등의 다양한 활동을 통해 여성의 인권 증진과 폭력에서 벗어날 수 있도록 지원받고 서로 격려하는 가운데 여성 운동 네트워킹을 만들어가고 있다. 특히 이 사업의 경우 2014년 이화여대 아시아여성학센터와 아시아위민브릿지 두런두런과 함께 수행한 협력사업으로서도 중요한 의미를 갖는다.

5장에서 비달샤니 나디샤 페레라-데실바는 전통적으로 가부장적 문화가 지배적인 스리랑카에서 의류산업 노동력의 85%를 차지하는 여성 노동자들이 경제 발전의 주요한 역할을 하고 있음에도 불구하고 차별과 소외를 경험하고 있음을 밝히고 있다. 여성 노동자들은 장시간 열악한 노동 환경 속에서 일을 하지만 저임금에 시달리며 여성들의 대부분이 성희롱과 가정 폭력을 경험한다. 스리랑카 정부와 NGO에서는 여성 노동자들의 정신 건강과 복지를 위해 심리 상담을 비롯한 다양한 지원 프로그램을 제공하고 있으며, 여성 노동자들은 특히 심리 상담을 통해 낙태, 피임, 이혼, 아동 양육, 가정 폭력 등에 대한 정보와 지원을 요청하고 있다.

6장에서는 세계적으로 야자유(팜유) 생산이 많은 인도네시아의 야자유 플랜테이션 여성 노동자들이 처한 어려운 현실을 보여준다. 해외 투자 덕분에 정부가 얻는 수익은 계속해서 증가함에도 불구하고 노동자들의 생활 여건과 노동 조건은 더욱 열악해지고 있다. 플랜테이션에서 여성들은 야자유 생산에 필요한 비료 및 살충제 작업, 열매 담기 등의 강도 높은 노동으로 인해 건강에 위협을 받는다. 그러나 여성 노동자는 남성에 비해 더 낮은 임금을 받고 정규직으로 고용되기도 어려우며 때로는 인권을 침해받기도 한다. 레나타 산디 리브라서란은 변화를 이끌어 내기 위해서는 플랜테이션 노동조합이 여성의 인권을 논의해야 하고 남성 활동가들이 성평등 문제를 의식하도록 만드는 것이 시급하다고 제시하고 있다.

7장에서 파키스탄의 레하나 와가는 무력분쟁 속에서 여성은 대개 무기력한 피해자로 그려지는 점에 대해 문제를 제기하며 평화를 위한 여성의 정체성과 행위주체성의 중요성을 지적한다. 파키스탄 스와트 주는 이슬람 극단주의 세력인 탈레반의 지배로 인해 여성에 대한 폭력과 혐오가 강했다. 탈레반은 성별분리주의는 물론 여학교를 철거해 여성들이 교육받지 못하게 만들었고 이동의 자유를 억압했다. 스와트 여성들은 탈레반으로부터의 인권 침해는 물론 대중 매체와 미디어 속에서 행위주체성을 가지지 못하는 피해자이자 취약한 집단으로 그려지는 이중의 억압을 겪고 있다. 여성들의 힘과 용기는 민족 분규와 내전의 상황에서 충분히 인정받지 못했고, 여성의 역할과 목소리도 감춰지고 지워졌다. 이슬람 극단주의 세력과 무력 분쟁의 상황 속에서 여성의 정체성과 행위주체성을 되살리는 것이 요구된다.

8장은 디로롬콘과 나데이다, 리리야 3인의 공동 연구로서, 기후 변화에 대응하는 우즈베키스탄 여성들의 실천에 주목한다. 기후 변화로 인해 우즈베키스탄의 농업과 임업 환경은 변화하게 되었는데, 특히 기근과 식량 부족이 발생하면서 산악 지대에 사는 사람들의 실업률과 이주가 계속 증가하고 있다. 이러한 어려움 속에서 농촌 여성의 발전을 위해 '산악여성단체'가 설립되었고 산악 지역 여성들의 지식, 기술, 능력 개발을 통해 기후 변화의 대응과 완화를 도모하고 있다. 특히 어머니 교육을 통해 환경과 건강, 가족 환경, 탄소 발자국 줄이기, 환경 안전을 위한 정보 제공과 공동 작업을 위한 능력 개발을 모색한다. 한편 여성들의 기후대응센터 활동을 통해 기후 변화 문제에 여성의 목소리를 담아내고 대응을 위한 방안을 마련하고 있다. 이러한 여성의 연대는 지역 여성 운동의 일환으로서 여성들을 교육해 그 여성들이 아동을 교육하고 가족을 변화시켜 지역을 변화시키고자 한다. 따라서 교육과 여성의 세계관은 여성의 발전에 중요하다.

9장에서 디안 레스타리닝시와 와리야툰은 인도네시아 농촌 여성들이 정부 주도의 개발, 기업의 토지 수탈과 환경 파괴에 저항하며 어떻게 땅을 지켜내려 했는지, 이 과정에서 여성들이 어떻게 변화의 주체가 되었는지를 분석한다. 인도네시아 자바 주 렘방 지역에서는 정부의 개발 계획에 따라 시멘트 공장 건설이 계획되었으나 지역 주민과 활동가들은 시멘트 공장 건설에 따라 수자원 감소, 분진, 농업 생산량 감소, 질병 및 성병 증가와 같은 유해성을 알게 되고 건설 반대 운동을 전개하게 되었다. 시멘트 공장 반대 시위에 여성들이 등장함으로써 시멘트 공장과 채굴 시설 건설에 맞서는 지역 사회의 저항은 새로운 국면을 맞이했다. 렘방의 시멘트 공장 건설을 저지하기 위해, 여성들은 공적 영역과 사적 영역의 경계를 허물며 도움을 청하고 자원을 끌어모으고 운동에 적극적으로 참여했다. 여성들은 시멘트 공장 건설 반대 운동을 하면서 적극적으로 주민들을 조직화했고 사회 의식을 키우는 교육을 통해 자발적으로 역량을 키워 나갔다. 광산과 시멘트 공장에 대한 저항은 환경을 보호하기 위한 행동으로 여성들은 평등과 인간애라는 가치뿐만 아니라 자연에 대한 애정을 가지고 있었고 여성 운동을 통해 여성 주체로서의 행위성을 보여준다.

10장은 인도의 자야 시리바스타바와 방글라데시의 랑가비 탄창야가 함께한 비교 공동 연구이다. 남아시아의 인도와 방글라데시는 독립된 이웃 나라이지만 두 나라 모두 인도 아대륙에 있으며 영국의 식민지였다. 두 나라에는 달리트라 불리는 집단이 있으며, 카스트에 따른 혈통, 계급, 주거지 분리 등 다양한 억압과 배제를 경험한다. 달리트 여성들은 카스트 때문에 차별과 억압을 당하는 데다 여성이라는 이유로 극심한 폭력도 당한다. 신자유주의 민영화, 자유화, 세계화 속에서 달리트 여성의 경제적 불평등은 더욱 심화되고 있다. 이러한 달리트 여성에 대한 폭력과 소외에 맞서는 달리트 여성단체들은 강력한 국제 네트워크에 기반해 달리트 여성의 인권을 보호하고 여성 역량을 강화하기 위해 페미니스트 운동을 전개하고 있다. 인도의 경우 달리트 여성에 대한 존엄성과 정의를 보장하는 활동에 중점을 두는 반면 방글라데시에서는 복지사업과 역량 강화와 소득 창출을 위한 기술 교육에 초점을 맞춘다. 저자들은 향후 달리트 여성들의 지위 향상을 위해서 달리트 여성단체의 일반 여성 운동과의 연결은 물론 국제 네트워크, 특히 아시아 지역의 네트워크 설립이 요구된다고 주장한다.

11장에서 르와니 레누카와 에카 스리뮬라니의 공동 연구는 2004년 인도양 쓰나미 참사로 인해 가장 큰 피해를 입었던 스리랑카와 인도네시아 아체 주의 재난 후 복구 개발 과정에서 각 지역 여성들의 삶에 어떤 영향을 미쳤는지를 보여준다. 재난 후 스리랑카 지역 사회 재건은 엄청난 규모의 일이었는데 비영리 NGO로 만들어진 여성저축운동이 주도적인 역할을 했다. 여성저축운동은 구호, 재건, 개발의 연결이라는 원칙 아래 재난의 타격을 입은 여성을 돕고, 여성이 받는 피해를 줄이고, 여성이 자기 생활을 재건하도록 했다. 인도네시아 아체 주에서는 수백 개의 단체가 소액 대출, 소액 금융 사업에 주력했고 수혜자의 대부분이 여성이었다. 특히 성공한 여성 협동조합은 피해 지역에서 지금도 운영 중이며 여성과 그 가족들의 경제 활동을 지원하고 있다. 또한 재난 후 복구 프로그램에서 여성들은 공적으로 정치에 참여할 수 있는 더 많은 기회를 가질 수 있었다. 그러나 10년이 지난 지금 쓰나미 직후의 개발 프로그램들은 다수가 재정 문제로 활동을 줄이거나 중단했고 복구 단계 후까지 지속 가능한 '변화'를 만들어 내는 데는 실패했다. 재난 후 복구 국면은 그 지역 여성들의 삶과 운동에 새로운 역동성을 낳았지만, 지역 단체들과 정부 기관들이 그 노력을 계속해서 성과가 이어지게 하는 것이 필요하다.

이상에서와 같이 이 책은 여성에 대한 폭력에서부터 분쟁이나 재난 등에 이르기까지 다양한 문제를 통해 아시아 여성들의 삶과 현실을 분석하고, 아울러 변화를 만들어 내는 주체로서 여성의 모습을 잘 드러내 준다. 2016년 1월이면 이화글로벌임파워먼트프로그램(EGEP)이 9회를 맞이한다. 그간 지원자 수만 해도 전 세계 80여 개 국가에서 2천 명이 넘고, 졸업생이 39개국 174명에 이른다. 2012년 1월에 첫 교육을 시작했으니 어느덧 5년여 간의 역사와 결실이 쌓여가고 있다. 이 책 역시 EGEP에 참여한 여성들의 역사가 만들어 낸 성과이기도 하다. 무엇보다 매번 더 좋은 프로그램을 만들기 위해 정성과 노력을 아끼지 않았던 아시아여성학센터 연구원들의 팀워크가 없었다면 불가능했을 것이다. 열정과 헌신으로 함께해 준 김나연, 이소정, 이은희, 윤영수 연구원을 비롯해 EGEP 출판을 담당하고 있는 노지은 수석연구원, *AJWS* 저널의 아일린박 특임교수 모두에게 감사의 마음을 전한다. 끝으로 출판을 맡아준 이화여자대학교 출판부에 감사드리며, 무엇보다 이화여자대학교의 지속적인 지원에 깊은 감사를 드린다.

2015년 12월

이화여자대학교 아시아여성학센터

장필화 · 이명선

| 차례 |

『우리들의 목소리 1』 차례

제5부

이름 없는 폭력

1 이름을 말할 수 없는 사랑: 인도 동성애·양성애 여성과 성전환 남성의 주변적 지위

수타누카 바타차리야

개요

이 글에서는 동성애자를 차별하고 이성애를 지배적 규범으로 삼는 인도의 사회 문화적 맥락에서 동성애·양성애 여성, 성전환 남성LBT이 당하는 다양한 형태의 폭력을 검토하고자 한다. 이성애자들과는 달리, LBT들은 자기 젠더에 순응하지 않는 행동과 성적 취향으로 이중으로 소외되고 있다. 이와 같은 폭력은 정체성에 기반한 정치를 넘어서고 쟁점 중심의 정치를 수용하는 집단 투쟁을 통해 해결할 수 있음을 제시하고자 한다.

서론

나는 학창 시절부터 동성과 사랑에 빠지곤 했다. 그러나 그 당시 나는 같은 반 친구들에게 느끼는 로맨틱한 감정을 당연시했으며 여학교를 다니므로 남자들과 어울릴 기회가 없어 소녀들에게 빠지는 것이라 여겼다. 이다음에 커서 남자들과 섞일 기회를 갖게 되면 모든 것이 괜찮아지리라 생각했다. 성인이 되어서는 남자들과 사랑을 했다. 남자들과의 사랑은 내 마음에 그 어떤 의문을 일으키지도, 자기 정당화도 요구하지 않았다.

아마 이 사랑은 '정상적'이고 따라서 '자연스럽다'고 여겼기 때문일 것이다. 나는 여성으로 태어났으니 이성인 남성과 사랑을 해야만 한다. 이런 까닭에, 여성을 사랑하는 것은 결코 나에게 또 다른 선택일 수 없었다. 그보다는 그런 것이 존재하는지조차 몰랐다고 말해야 할 것이다.[1]

나는 상위 카스트 출신으로 고등교육을 받았고 영어를 사용하며 신체 건강한 도시 중산층이다. 그런데 2005년 '평등을 추구하는 사포Sappho for Equality'라는 단체에 들어가기 전까지는 내가 여성을 사랑할 수도 있다는 것을 알지 못했다. 그때 나는 스물네 살이었다. 나는 그 모임의 다른 이들보다 훨씬 나은 사회 경제적 배경을 가졌지만 나의 성적 취향에 대해서는 무지했다. 나도 모르게 이성애 규범의 안락한 보호막 안에 있었던 것이다. 이성애 규범은 너무도 깊이 인도 사회에 뿌리를 내리고 있어서 나 자신의 동성애 욕망을 미처 알아채지 못했다.

이성애가 지배적인 인도 문화에서는 태어날 때 정해진 성별(남성 또는 여성)에 따라 오로지 두 젠더(남성과 여성)만을 인정한다. 그리고 개인의 성적 욕망은 의학적으로 판단한 성별과 사회 문화적인 젠더를 따르며, 따라서 이성에게만 끌릴 수 있다고 보고 이성애를 강제한다. 예를 들어, 태어날 때 성별이 여성인 아이는 '여성적인' 표준에 맞게 양육되어야 하며 '여인'으로 성장해 '남성'에게 연애 감정이나 성적 욕구를 가져야 한다. 그뿐만 아니라, 이 이성애 프로젝트가 사회 문화적 정당성을 획득하려면 합법적인 결혼과 출산으로 이어져야 한다. 이 규칙에 따라 사는 이성애 커플은 정부를 포함한 모든 사회 제도의 최대 지원을 받는다. 그와 대조적으로, 동성을 원하거나 젠더 정체성을 스스로 선택한 우리 같은 '반항

1 활동가들은 동성애, 양성애 여성과 성전환한 이들LBT이 겪는 다양한 형태의 심리적 폭력의 하나로 '선택 없음'을 든다(Ghosh et al., 2011).

아'들은 여러 형태로 사회 문화적 불이익을 당하고, 주변부로 밀려나 다양한 억압을 당하게 되기 쉽다.

이 글에서는 감히 이성애 규범과 이성애적 가부장제의 지배 구조에 도전하는 동성애·양성애 여성, (여성에서 남성으로 전환한) 성전환자LBT의 주변적 지위를 검토하고자 한다. LBT 문제의 세부 사항으로 들어가기에 앞서, LBT의 문제에 왜 특별한 관심이 필요한가, LBT의 문제는 더 큰 퀴어Queer(원래 동성애자를 비하해서 지칭하는 말이었으나 현재는 성 소수자들이 자신을 지칭하는 말로 사용한다) 공동체의 문제와 어떻게 다른가라는 질문에 먼저 답해야 할 것이다. 앞에서 논의했듯이, 이성애 규범, 사회 문화적 규범, 법률적 제약은 바로 이 이성애 체제를 유지하기 위해 상부상조하고 있다. 이성애 규범이 이성애를 강제한다면, 여성 위에 남성을 놓은 가부장적 권력 관계에 의해 유지되는 젠더 체계는 성차별을 낳는다. 그러므로 태어날 때 여성이었던 LBT는 자신의 젠더와 섹슈얼리티 때문에 이중의 소외를 겪는다. 남성 동성애자·양성애자, 남성에서 여성으로 성전환한 사람과는 달리, LBT는 이성애 규범과 가부장제라는 이중 규제의 희생물이 되고 있는 것이다. 게다가 이런 맥락에서 남성으로 성전환한 사람들의 상황은 이들의 비규범적 젠더 정체성과 젠더 선택 때문에 더욱 복잡해지며, 젠더와 성별이 일치하는 이들이 갖는 특권에서 배제된다.[2]

이 글을 준비할 때, 나는 인도 사회에서 LBT 조직과 활동가들이 쓴 보고서, 문집, 책, 기사, 다른 관련 자료들을 검토하면서 LBT의 지위를 분석했다. 이와 함께, 콜카타Kolkata 지역의 LBT 인권 활동가들의 발판인 '평등을 추구하는 사포'의 멤버이자 활동가인 나의 경험도 면밀히 검토했다. 퀴어 여성이자 활동가로서 나의 경험은 그 대부분 '평등을 추구하는

2 시스젠더의 특권cis-privilege이라는 개념에 대해서는 Enke(2012)를 참조하라.

사포'의 집단 경험과 겹치고, 이 둘은 거의 불가분하게 서로 엮여 있다. 그래서 나는 '평등을 추구하는 사포'라는 하나의 단체로서, 그와 동시에 그에 속한 한 멤버로서, 이 문제들을 어떻게 다루는지에 대해 쓰려고 한다.

LBT들에 대한 폭력[3]

여성들과 마찬가지로, LBT들도 인도 사회의 성차별과 가부장제의 표적이다. 그러나 이성애 여성들과는 달리, LBT들은 동성애 혐오, 양성애 혐오, 성전환 혐오에 시달려야 한다. LBT 활동가들과 단체들이 만든 보고서를 보면, LBT들은 삶의 매 순간마다 가족에서부터 정부에 이르기까지 온갖 폭력을 당하고 있음을 알 수 있다. 사회와 가족의 압력을 견디지 못해 목숨을 끊을 수밖에 없었던 사례도 있다. LBT들이 겪는 어려움은 강요된 침묵에서부터 공공연한 폭력에 이르기까지 매우 다양하다.

강요된 침묵

인도 사회에서는 섹슈얼리티 자체가 말해서는 안 되는 주제이다. 게다가 여성의 섹슈얼리티는, 성적 취향과는 상관없이, 아예 없는 것으로 간주된다. 이런 배경에서 자란 LBT들은 가족과 사회 테두리 안에서 규범에 맞지 않는 자신의 젠더나 성적 느낌을 표현할 수 없으므로 소외될 수밖에 없다. 동성애에 대한 지배적인 침묵과 엄격한 젠더 규범의 강요 때문에, 대부분의 LBT는 자라면서, 때로는 그 후까지도 동성에게 끌리거나 비규범적인 젠더 정체성을 가진 사람은 자기밖에 없다고 여긴다. 또한

---

3 지면이 한정되어 있으므로 이 글에서는 모든 목록을 다 포함시킬 수 없다. 그러니 세부적인 목록을 원하면 Fernandez & Gomathy(2005), Ghosh et al. (2011), Ghosh(2012), LABIA(2013), Mohan(2013), Sharma(2006), Deepa(2005)를 참조하라.

동성애는 '부자연스럽고', '비정상적이고', '병에 걸린 것'이라는 대중의 인식은 LBT들이 자신의 성적 욕망에 대한 혐오감을 내면화하도록 이들 마음에 영향을 주기도 한다. 마음 맞는 이들을 만나 자신의 성적 취향을 인정하기까지 수년 동안 알게 모르게 동성에 대한 이끌림을 억누르며 살아온 LBT들도 있다. 평등을 추구하는 사포에서, 우리는 다른 여성에 대한 이끌림을 거부하고 '정상적인' 삶을 살겠다는 희망에 남성과 결혼까지 하려 했던 이들을 만나기도 했다. 다른 한편, 가족의 폭력과 사회적 매장이 두려워 동성애 관계를 숨기고 독신 여성인 척하며 사는 커플들도 있다.

인도 여성들이 동성애에 대해 침묵하는 것은, 주류 문화와 사회 법률 제도뿐만 아니라 주류 여성 운동에서도 마찬가지이다. 1994년이 되어서야 인도 여성 운동은 여성 간의 사랑을 받아들였다. 내부 논쟁이 있기는 했지만, 1994년 티루파티Tirupati에서 열린 전국 여성 운동회의는 동성애와 양성애 여성들의 인권을 인정하는 결의안을 통과시켰다(Fernandez et al., 2007). 여성 운동은 성차별에 주요 관심을 두고, 섹슈얼리티 권리 문제보다는 빈곤, 교육, 실업, 가정 폭력과 연관된 젠더 문제를 더 시급하고 절박하게 여겼다(Akanksha & Malobika, 2007; Biswas, 2011). 현재, 여성 운동 일부에서는 동성애와 양성애 여성에 대해 암묵적인 지지를 하지만[4] 성전환 남성 문제는 여전히 외면하고 있다.

게다가 남녀 동성애자, 양성애자, 성전환자LGBT를 아우르는 좀 더 큰 공동체에서도 강력한 가부장제 이데올로기(Shah, 2005)와 HIV와 AIDS 방지 운동의 확산으로 인해 LBT 문제는 또다시 덮였으며 이는 공공연한

---

4 '사포'와 '평등을 추구하는 사포'가 벵갈 서부의 여성 인권을 위한 네트워크인 마이트리Maitree와 어떻게 함께 일해 왔는지 더 자세히 보려면 Akanksha & Malobika(2007)를 참조하라. 마하라시트라Maharashtra에서 열린 여성 인권 포럼에서 뭄바이 퀴어 페미니스트 집단LABIA이 벌인 논쟁에 대해 서는 Shah(2005)를 보라.

성차별로 이어졌다(Bhattacharya, 2014). 퀴어 페미니스트 활동가와 조직들은 LGBT 담론이 LBT 문제들을 포함할 수 있게 확장되고, 진정성 없는 형식주의를 넘어서게 하려고 몇 년째 고군분투하고 있다.

가족에 의한 폭력

대부분의 보고서와 활동가들에 따르면, 폭력의 주요 온상은 LBT의 가족이다. 가부장제가 지배적인 인도 사회의 다른 여성들과 마찬가지로, LBT들도 계급, 보수적인 가족관, 남성 가장의 지배와 같은 문제들과 함께, 젠더에 기반한 폭력의 영향도 받는다. 대부분의 경우, 딸의 동성애 성향을 알게 되었을 때 또는 딸이 자신의 비규범적인 성적 성향이나 젠더 정체성을 밝혔을 때 가족의 폭력이 시작된다. 많은 부모가 처음에는 사회적 오명과 망신이 두려워, 딸의 비규범적인 성적 취향이나 젠더 정체성을 은폐하려고 한다. 그다음에는 부모와 다른 가족이 '제멋대로인' 딸을 '통제'하기 위해 또는 동성애라는 '질병'을 '치료'하기 위해 정신적·육체적 폭력을 행사하기도 한다. 반드시 그런 것은 아니지만, 가족이 폭력과 함께 정신적 고문을 가하기도 한다. 가족이나 친지들의 모임에서 '타자화他者化'하는 것이다. 이 밖에도 가족은 LBT의 젠더와 성적 취향을 인정하지 않고, 가족의 명예와 행복이라는 명목으로 협박하며, 동성애 파트너에게서 떼어놓고, 병원에 데려가기도 한다. 본인의 의지에 반하는 이성애 결혼을 강요하고, 몇 개월이고 집에 감금하며, 음식·교육·통신에 접근하지 못하게 하고, 이동을 제한하며, 두들겨 패고, 친오빠나 남동생에게 잘못을 바로잡는 강간을 강요하기도 한다.

친밀한 관계에서의 폭력

LBT들은 동성 파트너가 자행하는 폭력에서도 자유롭지 못하다. 파트너 간의 폭력이 생기는 이유는 동성 커플들이 동성애에 대한 인식이 부족하고, 동성애 관계가 사회 법률적으로 인정받지 못하는 데서 비롯된다. 폭력은 전형적인 남녀 관계의 모습을 답습하는 동성 커플에서 주로 일어난다고 활동가들은 말한다. 젠더 평등한 관계 모델이 부재하다 보니, 동성 커플들이 이성애 관계에서 흔히 보이는 대로 '남성적'인 역할을 하는 파트너가 좀 더 '여성적'인 파트너를 지배하는 모습을 보여준다는 것이다. 그런 경우에 강간, 구타, 언어 폭력 등 신체적·정신적 폭력이 일어난다.

다른 한편으로, 이성애 규범이 지배적이다 보니, 많은 성전환 남성은 커플이 되어도 아이를 가질 수 없다는 이유로 시스젠더[5]cis-gender(생물학적 성에 일치하는 성별 정체성을 가진 이들을 가리키는 말로, 트랜스젠더에 대비되는 말로 쓰인다) 파트너에게 버림받기도 한다. 이런 경우, 시스젠더 파트너는 성전환 남성이 자신을 임신시킬 능력이 없다고 비난하기 십상이다. 이런 상황은 성전환 남성들의 자존감과 자신감을 매우 낮게 만든다.

제도의 폭력

LBT들은 정부 기관을 포함한 대부분의 사회 제도가 가하는 폭력을 당하기도 한다. 곳곳에 스며든 이성애적 가부장제와 동성애의 불인정은 LBT들을 보이지 않게 어둠 속으로 밀어넣는다. 이들이 감히 다른 여성에 대한 욕망을 드러내거나 자신의 비규범적인 젠더 정체성을 주장하면 사회 법규에 심각한 손상을 초래하는 '변태', '비정상', '병든' 이들이라고 비난받는다.

LBT들의 인권 침해는 교육 기관에서 시작된다. 비규범적인 젠더나 성적 취향 때문에 또래 친구들과 선생님들에게 괴롭힘을 당하는 것이다.

---

5 시스젠더의 개념에 대해서는 Enke(2012)를 참조하라.

나중에 성전환 정체성을 갖게 되는 많은 아이가 학교 당국이 부과하는 엄격한 젠더 규범을 견디지 못하고 학교를 그만두어야 했다. 직장에서도 동료들이 LBT들의 성적 취향을 알게 되면 암암리에 정서적 폭력을 가했다. 마찬가지로, 성전환 남성들도 확연한 '남성적'인 외모나 스스로 선택한 젠더 때문에 직장 동료들의 놀림감이 되기도 한다.

LBT들은 의료 기관에서도 차별을 받는다. 여성의 성 건강은 종종 임신과 출산, 그리고 아동의 건강으로 축소되기 때문에 LBT들의 건강 문제는 노골적으로 무시된다. 이에 더해, 환자라는 위치의 취약성을 악용하기도 하는 의료인은 공공연한 성적 학대를 일삼기도 한다. 특히 두 가지 성으로만 구분하는 의료계의 경직성은 성전환 남성이 의료인에게 다가가지 못하게 만들거나 상담조차 꺼리게 만드는 주요 원인이 되었다. 장기적으로 볼 때, 이는 건강에 이롭지 못하다. 게다가 보고서에 따르면, 당사자뿐만 아니라 의료인이 성전환 남성의 건강 문제에 대한 지식이 매우 부족함을 알 수 있다.

현 인도 사회에서, LBT들은 모순적인 법적 지위를 갖고 있다. 법은 성전환 남성의 비규범적인 젠더 정체성을 인정하고 있지만 동성애는 법률로 금하고 있다.[6] 2013년 12월 11일 인도 대법원은, 델리 고등법원의 2009년 판결("Suresh Kumar Koushal and another vs NAZ Foundation and others," 2013)을 뒤집고, 인도 형법 377조를 강화함으로써 동성애를 다시 불법화했다. 델리 고등법원은 2009년 7월 2일에 성인들의 합의된 동성애 행위를 처벌 대상에서 제외했으나("Naz Foundation vs. Union of India and Others," 2009) 377조는 여전히 존재한다. 현재 인도 형법 377조는 경찰,

6 성전환한 이들의 경험을 통해 이 문제의 모순점에 대해 더 알고 싶으면, Sutanuka et al.(2014)을 참조하라.

미디어, LGBT의 가족, 더 크게는 사회가 LGBT들을 괴롭히고 협박하고 차별하고 배척하는 근거로 이용되곤 한다.

2014년 4월 15일 델리 고등법원은 인도에서 처음으로 다른 관련 명령과 함께 공식적으로 제3의 성 범주를 인정했다("NALSA vs UOI and others," 2014). 인도 최고 법률 기관의 이 역사적 평결은 퀴어 운동의 성취이고 크게는 사회의 성취이지만 이에 대한 비난도 만만치 않았다.[7] 이 판결은 남성에서 여성으로 전환한 이들이 인도 사회에서 갖는 사회 문화적 역사성과 가시성은 인정하면서도 여성에서 남성으로 전환한 이들이 겪는 문제와 취약성은 외면했기 때문이다. 전국 차원의 미디어와 지역의 미디어 또한 성전환 남성과 그들의 어려움을 외면하고 판결 이후 남성에서 여성으로 전환한 이들에 대한 자극적인 뉴스와 기사만 쏟아냈다.[8]

사랑이 답이다[9]—평등을 추구하는 사포가 걸어온 발자취

1999년, 레즈비언 세 커플이 LBT들을 정서적으로 지원하는 그룹을 만들기 위해 모여서 그 이름을 사포라 지었다.[10] 인도에서 여성 간의 사랑을 보여준 첫 주류 영화 〈파이어*Fire*〉가 상영되고 나서 이에 대한 반감이 들끓던 와중이었다.[11] 그 후로 다양한 사회 경제적 배경을 가진 LBT들이 도움을 청하고, 동성을 향한 욕망을 둘러싼 사랑, 열정, 차별, 폭력에 관

---

7 2012년 "NALSA vs UOI and others"에 대한 비판적 논의는 Dutta(2014)를 참조하라.

8 여성에서 남성으로 전환한 이들이 이 판결에 관한 지역 언론의 태도를 어떻게 보는지 더 자세히 보려면 Sutanuka et al.(2014)을 참조하라.

9 이 제목은 '평등을 추구하는 사포'가 만든 포스터에서 따온 것이다.

10 세 커플이 어떻게 만나 '사포'가 탄생하게 되었는지에 관한 더 자세한 이야기는 Akanksha & Malobika(2007)를 참조하라.

11 〈파이어*Fire*〉 상영 이후의 사회 정치적 분위기가 동성애 여성들의 삶에 어떤 영향을 주었는지에 대해서는 Sukthankar(1999)를 보라.

한 이야기들을 나누고자 사포를 찾았다. 곧 사포 창립자들은 개인적인 차원에서 정서적 지지를 주는 것보다 LBT들이 겪는 비가시성, 차별, 폭력에 맞서 정의를 추구하는 것이 더 중요하다는 것을 깨달았다. 이들의 요구에 부응하고 정의를 추구하고자, 그리고 인권의 관점에서 LBT 문제를 제기하기 위해 사포의 창립 멤버들은 (성적 취향과는 상관없이) 뜻을 같이하는 몇몇 사람과 함께 2003년도에 '평등을 추구하는 사포'라는 단체를 창립했다. 처음에 정서적 지지 그룹으로 출발한 사포에서 퀴어 페미니스트 운동단체로 성장한 것이다. 사포는 LBT라 주장하는 이들에 의한, 그리고 이들을 위한 비공식적 지지 그룹으로 오늘날까지도 남아 있으며, 평등을 추구하는 사포는 LBT의 권리를 옹호하기 위해 사회 각지에 있는 이들을 규합하는 역할을 하고 있다. '평등을 추구하는 사포'라는 이름으로 단체 등록을 한 것은 레즈비언의 관점에서 다양한 젠더와 섹슈얼리티 문제를 다루겠다는 비전을 밝힌 것이다.[12]

집단 또는 공동체의 정체성에 기초해서 인권을 요구하는 정치적 행동은 20세기 중반부터 퍼지기 시작한 현상이다. 정체성 정치학은 다원주의에 기초를 두고 있으며 소외된 정체성의 집단/공동체가 주류에 통합되기를 요구하는 것이다. 그런데 이를 요구하는 이들은 자신을 소외시킨 바로 그 주류를 아무 의심 없이 받아들이는 경향이 있다. 많은 경우 이것이 사회 운동의 전략이 될 수도 있으나 평등을 추구하는 사포는 LBT가 주류에 통합되는 것에 만족하지 않는다. 우리는 그 이상을 원한다. 수세기 동안 우리를 주변부로 내몰았던 젠더와 섹슈얼리티에 대한 주류의 인식 (이성애적 가부장제와 이성애적 성차별주의)을 문제삼고자 한다. 우리의 정치학을 젠더 정체성과 성적 취향의 규격화된 상자에 가둬두기를 거부한다.

12 레즈비언 관점에 대한 자세한 논의는 Achuthan et al. (2007)을 참조하라.

우리가 경험한 바로는, 뚜렷한 범주를 선택해서 정체성으로 삼을 수 있는 이들이 있는 반면, 그러지 않는 또는 그럴 수 없는 이들도 있기 때문이다. 따라서 사회적 통합과 수용을 위해 우리와 다른 이들을 배제하는 것은 바람직하지 않다는 것이 바로 정체성 정치학의 토대이다. 우리는 이성애적 가부장제와 동성애자 차별에 맞서고 폭력과 차별 없는 사회를 건설하기 위해 우리와 함께하는 이들은, 성적 취향과 젠더 정체성에 상관없이 모두 다 받아들인다.

퀴어가 아닌 주류 공동체가 우리에 대해 침묵하고 우리를 배제하는 것은 개별적이라기보다 구조적인 것이다. 그러므로 우리는 개개인의 의식을 고양시킴으로써 이 구조를 근절할 수 있기를 기대한다. 여기에는 LBT들의 가족과 친구, LBT 자신, 미디어, 시민 사회, 다른 사회 운동, 사회 기관, 정부 등이 포함된다. 이 계획을 위해, 우리가 다루는 주제에 대해 퀴어가 아닌 집단들과 더 많은 대화를 나눠야 한다.

우리의 운동이 진화하는 것과 함께 조직 활동가들도 성상했다. 현재 평등을 추구하는 사포의 활동은 세 가지 활동과 연구, 기록, 출판이다. 이것이 사회적 행위자를 만드는 변화를 모색하는 우리 전략이다. 첫 번째 활동은 안전한 장소와 정서적 지지 제공, LGBT 개개인과 그 가족에게 정신 건강 상담 서비스 제공, 위기 개입, 전화 상담 서비스 운영, 자기 역량 강화 워크숍 조직 등을 통해, LBT 공동체의 요구에 부응하고 역량을 강화하는 것이다. 두 번째는 LGBT 영화제, 무지개 축제 주최, 학술 세미나와 학회 개최, 섹슈얼리티 자원센터 운영, 인도와 해외의 여성 인권, 소수자 인권, LGBT 인권단체들과 네트워크 등을 구성함으로써, 시민 사회에 문을 두드리고 대중 행사를 통해 다른 단체와 연대하는 것이다. 세 번째는 의대, 경찰, 지방대 같은 국영 기관에 영향력을 행사하는 것이다. 우리의 연구 기록 팀은 1년에 두 번 나오는 이중 언어 잡지 『그녀의 목소리로*Swakanthey*』 출판을 위해 쉬지도 않고 일하고 있으며, 페미니스트 연구 보고서와 그 밖의 쟁점 중심의 시청각 자료, 인쇄물을 발행하고 퀴어 기록 보관소에 저장한다.[13]

결론

나는 9년을 '평등을 추구하는 사포'에서 보내면서 나의 섹슈얼리티를 찾았고 내 자신을 재발견했다. 여성에 대한 욕망을 자기도 모르게 외면하는 여성이 나만이 아니라는 것을 이제는 안다. 나와 같은 이들은 전에도 많이 있었고 지금도 많이 있다. 이런 통찰과 지식은 나만의 것이 아니라 공동의 것이다. 뜻을 같이하는 우리는 '사포'와 '평등을 추구하는 사포'의 경험을 통해, 그리고 좀 더 큰 LGBT 운동, 여성 운동의 한 부분으로 활동했던 수년간의 경험을 통해 계속 깨달아가고 있다. 그렇게 하면서 한편으로 LBT 존재의 사회적 인정과 수용을 위한 투쟁에 우리와 함께할 사람들이 있다는 것을 확신하게 되었다. 다른 한편으로, 우리가 당했던 차별과 폭력에 저항할 수 있는 집단적 힘을 얻었다. 사적인 이야기를 나누고자 한 행동이 알게 모르게 우리를 정치적으로 만들었다. 이야기를 나누는 것 같은 이런 작은 일을 시작하면서, 우리는 가족에게 우리 이야기를 하게 되었고 국제 포럼에서 우리의 생각을 말하게 되었다. 우리는 좁은 옷장에서 뛰쳐나와, 세상과 마주할 용기를 내었다. 우리의 노력, 집단의 힘, 더 큰 사회의 지지는 우리에게 변화는 일어날 것이며 더 나은 미래가 반드시 오리라는 믿음을 주고 있다.*

---

13 우리의 활동에 대해 더 알고 싶으면 평등을 추구하는 사포 웹사이트(http://sappokolkata.rot/aboutus/sappho-for-equality/)를 참조하라.

* 이 글을 쓰는 데 도움을 주신, '사포'와 '평등을 추구하는 사포'의 공동 창립자인 섭하가

참고 문헌

Achuthan, A., R. Biswas, & A. Dhar (2007), *Lesbian Standpoint*, Kolkata: Sanhati.

Akanksha & Malobika (2007), "Sappho: A Journey through Fire," in B. Bose & S. Bhattacharya (eds.), *The Phobic and the Erotic: The Politics of Sexualities in Contemporary India*, London, New York, & Calcutta: Seagull Books.

Bhattacharya, S. (2014), "In Her Voice, " *Kindle Magazine—Ideas, Imagination, Dialects,* 1 February, retrieved from http://kindlemag.in/voice/ on June 29, 2014.

Biswas, R. (2011), "Of Love, Marriage and Kinship: Queering the Family," in S. Sen, R. Biswas, & N. Dhawan (eds.), *Intimate Other: Marriage and Sexualities in India*, Kolkata: School of Women's Studies, Jadavpur University and Stree.

Deepa, V. N. (2005), "Queering Kerala: Reflections on Sahayatrika," in A. Narrain & G. Bhan (eds.), *Because I Have a Voice: Queer Politics in India*, New Delhi: Yoda Press.

Dutta, A. (2014), "Thoughts on the Supreme Court Judgment on Transgender Recognition and Rights," *Orinam*, 19 April, retrieved from http://orinam.net/thoughts-supreme-court-judgment-transgender-recognition-rights/ on 17 July, 2014.

Enke, A. F. (2012), "Note on Terms and Concepts," in A. Enke (ed.), *Transfenminist Perspectives in and Beyond Transgender and Gender Studies*, Philadelphia: Temple University Press.

Fernandez, B. & N. B. Gomathy (2005), "Voicing the Invisible: Violence Faced by Lesbian Women in India," in A. Narrain & G. Bhan (eds.), *Because I Have a Voice: Queer Politics in India,* New Delhi: Yoda Press.

Fernandez, B., M. Radhakrishnan, & P. Deb (2007), "Report on Lesbian Meeting:

타 고시 박사, 평등을 추구하는 사포의 공동 창립자인 수미타, 평등을 추구하는 사포의 프로그램 담당자인 푸샬리 마샤크에게 감사드린다.

National Conference of Women's Movement in India, Tirupati 1994, " in N. Menon (ed.), *Sexualities*, New Delhi: Women Unlimited.

Ghosh, S. (2012), "Honour Through Freedom: A Non-Heteronormative Take," in M. Gupte, R. Awasti, & S. Chickerur (eds.), *'Honour' and Women's Rights: South Asian Perspective*, Pune: Masum Publications.

Ghosh, S., S. Basu Bandyopadhyay, & R. Biswas (2011), *Vio-Map: Documenting and Mapping Violence and Rights Violation Taking Place in Lives of Sexually Marginalized Women to Chart Out Effective Advocacy Strategies*, Kolkata: Sappho for Equality.

LABIA (2013), *Breaking the Binary: Understanding Concerns and Realities of Queer Persons assigned Gender Female at Birth across a Spectrum of Lived Gender Identities*, Mumbai: LABIA.

Mohan, S. (2013), *Towards Gender Inclusivity: A Study on Contemporary Concerns around Gender*, Bangalore: Alternative Law Forum and LesBiT.

NALSA vs UOI and others (2014).

Naz Foundation vs. Union of India and Others (2009).

Shah, C. (2005), "The Roads that E/Merged: Feminist Activism and Queer Understanding," in A. Narrain & G. Bhan (eds.), *Because I have a Voice: Queer Politics in India*, New Delhi: Yoda Press.

Sharma, M. (2006), *Loving Women: Being Lesbian in Underpriviledged India*, New Delhi: Yoda Press.

Sukthankar, A. (1999), "Editor's Note," in A. Sukthankar (ed.), *Facing the Mirror: Lesbian Writing from India*. New Delhi: Penguin Books.

Suresh Kumar Koushal and another vs NAZ Foundation and others (2013), (The Supreme Court of India).

Sutanuka, Sharaddha, & Poushali (2014), "Self Determination of Gender: The Trans-Experience," *Swakanthey (In Her Own Voice)*, 11: 4-5.

2 레즈비언 눈으로 본 베이징 세계여성대회[1]

웨이팅팅

개요

영 페미니스트 운동의 참여자이자 관찰자인 저자는 1995년 베이징 세계여성대회 참석자들과 중국 페미니스트들, 그리고 LGBT 운동가들을 인터뷰했다. 이 글에서는 1995년 베이징 세계여성대회가 레즈비언 문제, 이들과 여성 운동의 관계에 끼친 영향, 그 후 레즈비언 공동체와 운동이 어떻게 발전했는지를 레즈비언의 관점에서 평가하고, 2012년 이래로 대중 활동을 펼치고 있는 '영 페미니스트 액티비즘 그룹Young Feminist Activism Group'이 제기한 문제를 논의한다.

서론

1995년 베이징北京에서 4차 UN세계여성대회가 열렸다. 이 대회는 전 세계 여성 운동의 전환점이 되었다. 베이징행동강령은 양성 평등을 위한 각국 정부의 정책 수립에 토대를 제시했다. 만 명이 넘게 이 대회에 참석

---

1 이 글은 레즈플러스Les+의 '베이징+20 히스토리/허스토리 프로그램'의 결과물이다. 이 프로그램에는 샘, 웨이팅팅, 시토우가 참여했으며 글은 웨이팅팅이 썼다. 이 글은 『중국개발보고서*China Development Brief*』(2014) 63호에 발표한 것을 수정, 보완한 것이다. 이 글에서 '레즈비언'은 양성애 여성, 트랜스젠더 여성을 포함하는 뜻으로 쓰였다.

했으며 처음으로 중국에서 젠더 문제를 논의할 수 있는 장이 펼쳐졌다. 1995년만 해도 중국은 동성애를 범죄와 정신이상으로 취급했고 동성애자들은 숨어 살아야 했다. 베이징 세계여성대회가 열리기 전, 중국에는 외국 성매매 종사자들과 레즈비언들이 NGO 포럼에 와서 나체 퍼레이드를 펼칠 것이라는 소문이 파다했다. 그래서 이를 우려한 정부는 레즈비언 단체 소속원들에게는 비자를 주지 않았다. 베이징에서 열린 4차 UN 세계여성대회에는 전 세계 레즈비언들이 모이는 토론장도 있었다. 이때 처음으로 중국 레즈비언 단체들이 다른 나라 레즈비언들을 만났는데 이것은 레즈비언 운동에 더 깊이 참여하게 되는 매우 중요한 계기가 되었다. 이 만남은 중국 레즈비언들에게는 잊지 못할 기억이다.

1995년 베이징 세계여성대회: 레즈비언 인권의 전쟁터

UN이 개최한 베이징 세계여성대회에서 '국제 레즈비언 게이 양성애 트랜스섹슈얼 인터섹스 연합ILGA'은 레즈비언 인권 개발을 위한 지침서 목록을 작성하는 획기적인 일을 했다. 많은 레즈비언 단체와 여성단체에서 활동하는 레즈비언들은 이 대회 최종 문서에 '성적 지향'을 넣겠다는 공동의 목표를 이루기 위해 연합을 형성하고자 했다.

NGO 포럼: 레즈비언 텐트를 세우다

3만 명 넘는 이들이 베이징 시내에서 50킬로미터 떨어진 화이러우怀柔에서 열린 NGO 포럼에 참석했다. 지금은 좀 이상하게 들리겠지만 레즈비언 단체들은 마침내 이 포럼에서 자신들만의 텐트를 가질 수 있었다. 한 마디로 이는 UN 대회가 열렸던 20년 전, 당시 레즈비언들의 처지와 이들에 대한 사람들의 태도를 잘 보여준다.

베이징 세계여성대회 레즈비언 텐트

수차례 협상 끝에, NGO 포럼 조직자들은 레즈비언 텐트를 포함한 7개의 '다양성 텐트'들 포럼 장소에 세웠다(Friedlander, 1996). 베이징 세계여성대회 전에도 레즈비언들은 UN 대회에 참석했지만 공식적으로 레즈비언 텐트를 갖게 된 것은 그때가 처음이니 레즈비언의 권리가 조직자들에게 인정받았다는 뜻이기도 했다. 이 텐트는 세계 각국에서 온 레즈비언들만을 위한 공간으로 여기서 서로 정보를 나누고, 쟁점을 토론했으며 아시아 레즈비언들의 기금 마련 워크숍, 야간 영화 상영, 정부를 상대로 한 로비와 베이징행동강령 등에 영향력을 행사하기 위한 전략적 모임 같은 여러 행사를 조직했다. 케냐와 남아프리카공화국에서 온 레즈비언들은 다른 아프리카 여성들과 대화하기 위해 매일 밤 텐트를 찾아왔다. 레즈비언 쟁점이 무엇인지 모르는 많은 여성들이 이야기를 나누기 위해 모였다.

1995년 대회에 참석했던 변호사 레이첼 로젠블룸Rachel E. Rosenbloom[2]

2 레이첼 로젠블룸은 국제 게이 레즈비언 인권위원회에서 활동하고 있다. 그곳에서 성적

에 따르면 첫날부터 레즈비언을 궁금해 하는 이들을 포함해, 백 명도 넘는 여성이 레즈비언 텐트를 찾았다. 레즈비언 텐트를 세우자고 제안한 안자나 수바르나난다Anjana Suvarnananda는 전 세계 여성들이 레즈비언 공동체에 대해 더 많이 알 수 있도록 레즈비언에 대한 모든 질문과 궁금증에 답해 주는 '레즈비언과 당신의 궁금증'이라는 워크숍도 마련했다. 뉴욕 출신의 아라 윌슨Ara Wilson은 자신들만의 텐트를 어떻게 갖게 되었고 이것이 왜 중요한지에 대해 다음과 같이 말했다.

> 태국에 하나밖에 없는 레즈비언 단체 설립자이자 아시안 레즈비언 네트워크의 발기인인 안자나 수바르나난다가 처음으로 NGO 포럼에 레즈비언 공간을 제안했다…… 이 텐트는 모임 장소로 쓸 수 있을 뿐만 아니라 레즈비언의 존재와 수용을 구체적으로 보여주는 핵심적인 상징 역할도 했기 때문에 대회 홍보 차원에서 미디어의 주목을 끌고자 하는 조직자들에게 꼭 필요한 존재였다(Wilson, 1996: 214).

민감한 문제 말하기

베이징에서 NGO 포럼은 민감한 사안이었다. 원래 이 포럼은 베이징 시내에 있는 노동자 체육관에서 열릴 예정이었지만 시내에서 한참 떨어진 곳으로 장소를 변경해야 했다. 공식적인 이유는 체육관이 수리 중이라 사용할 수 없다는 것이었다. 그 배후에는 레즈비언 텐트가 정부의 주목을 지나치게 많이 받은 데다 중국 당국이 모든 중국어 서류와 파일을 압수했다는 사실이 있다. 그래도 레즈비언 조직자들은 텐트에서 이벤트를 계속 진행했다. 이들은 중국 정부에 탄압을 멈출 것을 요청하고 다른

지향, 젠더 정체성, HIV 감염 여부에 따른 인권 침해를 기록하는 일을 한다.

참석자들의 지지를 얻을 수 있도록 기자 회견도 열었다.

마침내 레즈비언들은 목소리를 낼 수 있었다. 300여 명의 레즈비언이 레즈비언 텐트에서 열린 이벤트에 참여했다. 공식적인 NGO 포럼에서 세 명의 발표자가 레즈비언 문제를 언급했다. 레즈비언 퍼레이드는 두 번째로 컸으며, 500명 넘는 여성이 이 퍼레이드에 참여해 그 유명한 "레즈비언의 권리는 인권이다"라는 구호를 크게 외쳤다. 그리고 47개국 레즈비언을 대변하는 성명서를 포럼에서 발표했다.

남아프리카공화국 레즈비언의 역사적 발언

레즈비언들은 NGO 포럼에서 섹슈얼리티에 관련한 여성의 기본 인권 침해를 꼭 다룰 수 있게 해달라고 여러 나라 정부에 로비했다. 공식 문서 초안은 '성적 지향', '성적 권리', '성적 자율성'이라는 용어가 들어간 다섯 문단이었는데 이 용어들은 토론이 필요한 것이어서 괄호가 쳐져 있었다. 레즈비언들은 펼침막을 들고 평화적으로 시위했다. 남아프리카공화국에서 온 팔레사 베벌리Palesa Beverley는 레즈비언 공동체를 대표해 발언했다. 그녀는 문제의 핵심을 다음과 같이 표현했다. "자신의 섹슈얼리티를 결정할 능력 없이는 그 어떤 여성도 자신의 삶의 방향을 정할 수 없다." '성적 지향' 토론은 일주일 넘게 걸렸으나 결국 이 용어는 행동강령 최종 문서에 들어가지 않았다. 그러나 강제, 차별, 폭력으로부터 자유롭게 성적 결정을 할 여성의 권리는 행동강령 96번째 문단에 언급되었다.

중국에 미친 세계 영향: 레즈비언의 가시화

NGO 포럼에서는 매우 다양한 수많은 장이 펼쳐졌고 레즈비언 텐트는 바다의 물 한 방울처럼 너무도 작았지만 이전에 없던 새로운 빛을 비추었다. 그리고 예측하지 못한 수많은 일의 씨앗을 심어놓았다. 아직도 동성애는 적대적인 환경에 놓여 있지만, 이 대회는 1990년대에 앞날을 내다보면서 '동지'를 자처한 엑조틱 플라워링Exotic Flowering 같은 현지 게이 남성 공동체와 국제 레즈비언과의 만남을 낳았다. 수치엔Su Qian, 허샤오페이He Xiaopei, 우춘셩Wu Chunsheng, 시토우Shi Tou 같은 중국 퀴어 운동가들은 모두 이 대회의 영향을 받았다.

나중에 핑크 스페이스Pink Space(중국 성 소수자 NGO)를 만든 허샤오페이는 1995년 당시에는 정부에서 일하고 있었다. 그녀는 국제회의에 참석하고 NGO 포럼에 합류하는 데 필요한 공식 정부 허가증[3]을 받았다. 그 당시 그녀는 레즈비언 문제와 여성 문제에 대해 아는 바가 없었지만 포럼 내내 레즈비언 텐트를 지켰다. 그녀는 "레즈비언 퍼레이드와 텐트는 무척 재미있고 많은 생각을 하게" 만든다고 말했다. 허샤오페이처럼, 대부분의 중국인도 그렇게 많은 나라에서 온 레즈비언들을 본 것은 처음이었다. 이는 운동가들에게도 매우 흥분되는 일이었다.

커먼 랭귀지Common Language라는 단체를 만든 빈수Bin Xu는 베이징에 사는 대학생이었다. 그녀는 이 포럼에 대해 듣고 참석하고 싶었지만 장소를 화이러우로 변경했다는 소식을 듣고 '외국처럼' 먼 곳이라는 생각에 대회에 가지 않았다. 빈은 베이징 대회가 중국 퀴어 운동에 중요한 전환점이 되었다고 보았다. "이 세계여성대회는 퀴어들에게 창문을 내주었죠. 여러 나라에서 온 게이와 레즈비언들도 보고 그들 모두 자기 조직이 있으며 운동을 펼치기 위해 함께 모였다는 걸 알게 되었으니까요."

수지 졸리Susie Jolly는 1995년에 국제연합개발계획UNDP에서 자원봉사

---

3 여러 나라에서 온 사람들이 참석하는 국제 대회였기 때문에 회의에 참여하려면 허가증이 있어야 했다.

를 했다. 그녀는 대회 기간 동안 1990년대에 활약한 게이 운동가 우춘생을 돕는 데 많은 시간을 보냈다. 우는 외국 레즈비언들과 현지 게이들을 위한 대규모 파티를 기획했다는 이유로 대회 기간 동안 억류되었고 고향 광둥廣東으로 보내졌다. 수지는 그때의 파티를 생각만 해도 즐거운 듯 신나게 이야기했다. 우는 화이러우에서 베이징 시내에 있는 나이트맨이라는 클럽까지 레즈비언을 태워다 줄 버스를 몇 대 마련했다. 수지는 "외국 레즈비언들은 이걸 매우 재미있어 했어요. 그들은 현지 레즈비언들과 대화를 나누고, 클럽에서 여자들과 춤출 수도 있었으니까요. 중국에서 이럴 수 있으리라고는 생각 못 했을 테니 꽤 놀랐을 거예요."라고 말했다. 나이트맨에서 열린 성대한 파티에 경찰도 감시차 출두했다. 나이트맨은 지금은 문 닫았지만 간판은 아직도 길가에 서 있다. 재미나게도 그 클럽에서 10분 거리에 있는 건물에 베이징 젠더, 커먼 랭귀지, 베이징 LGBT 센터 등 중요한 LGBT 단체들이 들어가 있다. 1995년 이후 20년간 중국 LGBT 운동의 기나긴 싸움을 보여주듯, 그 건물과 클럽 간판 사이에는 대로와 경찰서가 있다.

나이트맨 파티 외에도, 수지와 우춘생은 대회 기간 동안 비슷한 행사를 몇 개 더 마련했다. 이는 전 세계 레즈비언 공동체의 결속을 다지는 계기가 되었으며 그때 함께한 사람들 중 많은 이가 지금도 서로 연락하며 지낸다. 그때 수지는 많은 젊은 페미니스트를 만났고 그 대부분이 나중에 세계적인 페미니스트 운동가가 되었다. 그러니까 요약하자면, '동성애'라는 말조차 감히 꺼낼 수 없던 시기에 이 대회는 동성애자들이 열정적인 국제 레즈비언 운동을 볼 수 있는 창을 열어주었다. 레즈비언 텐트는 중국 정부와 중국 여성단체에게 이들의 존재를 부각시켰다. 4차 UN세계여성대회가 '레즈비언 대회'가 되어버릴 것이라는 소문도 레즈비언의 존재를 부각시키는 기회가 되었다. 따라서 세계여성대회는 세계 여성 운동뿐만 아니라 레즈비언의 가시성 측면에서도 중요한 전환점이 되었다.

1995년 베이징 세계여성대회 이후: 중국 레즈비언들이 뭉치다!

1990년대에 게이 공동체는 길거리나 공원에서만 서로를 '찾을' 수 있었다. 수지는 알고 지내던 소규모 레즈비언 모임을 통해 현지 레즈비언을 소개받았다. 『중국의 동성애』라는 책을 낸 뒤, 저자 팡강Fang Gang은 허슈양He Xuyang이 보낸 편지를 받았다. 자신은 여성을 사랑하는 여성이라는 내용이었다. 그녀는 그에게 편지를 쓴 첫 번째 독자였다. 그후, 팡강은 레즈비언 독자의 편지는 모두 그녀에게 전달했다. 이렇게 해서 중국 본토에 초기 펜팔 네트워크가 형성되었다. 이런 방식으로 레즈비언 모임이 차례차례 생겨났다. 이 밖에도 '스톤월 생일 파티'라는 중요한 사건이 있다. 1969년 스톤월 폭동Stonewall riots을 기념하기 위한 행사였는데, 동성애가 여전히 범죄로 치부되던 때여서 주최자들이 안전상의 이유로 '생일 파티'로 위장한 것이었다. 파티에는 경찰을 포함해 60명이 넘는 이들이 참석했다. 허샤오페이(He, 2002)는 "베이징에서의 생일 파티: 1990년대 중국 동지 여성들의 조직화"에서 다음과 같이 썼다.

> 공공 장소에 이렇게 많은 '동지'(퀴어)[4] 여성이 모습을 드러낸 것은 처음이었다. 우는 내게 술집에 사복을 입은 경찰들이 있다고 귓속말을 했다. 우리는 경찰을 속일 궁리를 했다. 우리는 '생일 축하합니다' 노래를 부르고 케이크를 잘랐다. 나는 "오늘이 누구 생일인 줄 압니까? 제게로 와 귓속말로 말하세요. 정답을 맞히면 선물(콘돔 상자와 사탕)을 드립니다!"라고 말했다. 모두들 누구

4 중국어에서도 동지同志는 '뜻을 같이하는 사람'을 뜻하는데 중국 LGBT 집단에서 자신을 일컫는 말로도 쓰인다.

생일인지 서로 묻기 시작했다. 스톤월에 대해 알고 있는 이들은 모르는 이들에게 말해주었고 사람들이 내게 와 답을 말했다. "오늘은 미국 게이 운동을 기념하는 날입니다." 스톤월 이야기를 처음 들은 한 젊은이가 내게 달려와 속삭였다. "알았어요! 알았어요! 오늘은 우리 모두의 생일이에요!" 나는 그가 한 말을 다른 이들에게 전했다. "오늘은 우리 모두의 생일입니다." 나는 아마도 이것이 '동지' 운동이 궁극적으로 뜻하는 바가 아닐까 생각한다. 우리는 뭉쳤다. 우리는 공통의 생일을 가졌다. 그날부터, 그 바는 베이징의 첫 번째 동성애자 전용 바가 되었다.

그 후로, 베이징에서 '동지' 단체들이 하나하나 생겨나기 시작했다. 1997년 게이 전용 '삐삐 핫라인'이 처음 생겼고, 같은 해 중국 형법에서 동성 간의 성행위를 폭력범죄 목록에서 제외했다. 1998년, 운동가들이 최초의 레즈비언 단체인 베이징 시스터 그룹Beijing Sister Group을 만들었고, 그해 여름 베이징의 시산스西山庙에서 처음으로 열린 중국 게이 집회에 중국 본토의 성省 10여 곳, 홍콩, 대만, 해외에서 30명 넘은 이들이 참석했다. 가을에는 다른 운동가들과 함께 리징Li Jing, 허샤오페이, 시토우가 첫 번째 레즈비언 집회를 베이징에서 열었으며 20명 넘게 참여했다. 1999년 2월 최초의 레즈비언 잡지 『스카이*Sky*』가 창간되었고, 그해 여름, 레즈비언 단체 하나가 사무실을 임대하고 정식 직원을 고용했다.

2000년, 리유Li Yu는 중국 최초의 레즈비언 영화 〈물고기와 코끼리〉를 감독했고, 아티스트 시토우는 중국 본토에서 처음으로 레즈비언으로 커밍아웃하기 위해 한 TV 프로그램에 참여했다. 2001년 사회주의자 리인허Li Yinhe는 동성 결혼 인정을 요구하는 제안서를 만들었다. 같은 해, 중국의 정신장애를 분류한 공식 기록 목록에서 동성애가 제외되었다. 마침내 중국에서 '동지'가 범죄자나 병자 취급을 받지 않게 만든 진일보를 이룬 것이다.

그 이후로, 중국 '동지' 운동가들은 몰라보게 성장했다. 베이징에서 열린 4차 UN세계여성대회의 20주년이 된 지금, 전 세계 퀴어와 레즈비언 운동이 다시 한 번 베이징으로 눈을 돌린다면 중국 레즈비언 운동가들은 어떤 변화와 가능성을 가지고 있을까?

퀴어와 페미니스트가 만나다: 15년 뒤의 영 페미니스트 운동

4차 UN세계여성대회 이후, 정부와 비정부 차원에서 중국 여성 운동은 몰라보게 발전했지만 성 문제와 레즈비언 문제는 그저 짧게 언급하고만 말았다. 이성애가 지배하는 상황인 데다 섹스에 관해 이야기하면 낙인이 찍히기 때문에, 레즈비언 문제는 여성 운동에서 소외되었다. 2007년, 레즈비언 단체 커먼 랭귀지는 레즈비언들의 가정 폭력 문제를 연구하기 위해 정부 산하 여성단체로부터 지원금을 받았다. 커먼 랭귀지 대표조차 이 신청서가 통과된 것을 놀라워했다.

한편, 정부와 국제 단체들 덕분에 AIDS 운동가들도 빠르게 성장했다. 게이 남성들이 대부분을 차지하는 남성 동성애·양성애 그룹과 AIDS 단체들은 늘어나는 지원금과 함께 매우 빠르게 커갔다. 중국의 '동지'단체들도 점점 더 발전하고 조직되었다. 그러나 정부가 레즈비언을 AIDS의 잠재적인 희생자로 보지 않기 때문에 레즈비언들은 게이 남성 공동체만큼 지원금과 자원을 많이 얻을 수 없었다. 다른 한편으로, 여론에서 동성애 또는 게이를 다룰 때, 대중은 레즈비언이 아닌 게이 남성들만 생각하므로 레즈비언은 대중에게 보이지 않는 존재였다. 지금도 많은 이가 동성애 문제에서 레즈비언을 제외시키고 있다.

레즈비언은 가부장제와 이성애 중심주의로부터 이중의 억압을 당한

퍼포먼스 '피 흘리는 신부', 2012. 2. 14

다. 여성 운동과 '동지' 운동이 발전하는 가운데에서도, 레즈비언은 두 운동으로부터 모두 버림받고 소외당했다. 2010년까지도 이러한 상황은 크게 달라지지 않았고 마침내 영 페미니스트 집단이 변화를 모색하기 시작했다. 2012년 2월 14일, 세 명의 여성 인권운동가가 베이징 치엔먼前門 거리에서 역사적인 퍼포먼스를 펼쳤다. 피 묻은 웨딩드레스를 입고 가정 폭력 문제를 고발하는 '피 흘리는 신부'라는 퍼포먼스였다. 『차이나 데일리*China Daily*』를 비롯한 많은 미디어에서 이것을 보도했으며, 이는 중국 사회에 큰 영향을 주었다. 그 후에도 중국 본토를 중심으로 일련의 페미니스트 활동들이 조직되었고 지금도 계속되고 있다. 이러한 활동을 주도한 이들은 자신을 '영 페미니스트 행동 그룹'이라 부른다. 이들의 활동으로는 피 흘리는 신부, 대학의 남녀 차별에 항의하는 삭발식, 가정 폭력 종식을 위한 만 명 서명 받기 누드 사진전, 지하철에서 여성 인권 노래 부르기, 강제 결혼 거부하기, 상하이上海 메트로와 버스에서 일어난 성희롱

고소하기가 있다. 2015년 3월, 경찰이 다섯 명의 페미니스트를 체포하자 전 세계적으로 '페미니스트 파이브Feminist Five' 캠페인이 일어났다. 이 운동가들은 중국에서뿐만 아니라 『뉴욕 타임스』, 『워싱턴 포스트』, 영국 BBC, 중국 CCTV 같은 세계 미디어의 관심의 대상이 되었다.

이러한 캠페인과 예술, 거리 시위를 벌인 핵심 운동가들은 서른 살도 채 안 됐으며 대부분이 20대 중반이었다. 영 페미니스트 운동 그룹은 공적 영역에서 젠더와 섹슈얼리티에 따른 차별에 도전한다. 처음에 주도적인 운동가들은 레즈비언, 양성애자이거나 자신을 특정 성적 지향으로 규정하지 않은 성 소수자였다. 예를 들어, 앞에서 언급한 가정 폭력 반대 시위는 레즈비언들이 계획하고 조직했다. 저널리스트이자 연구자인 리 시판(Li, 2014)은 영 페미니스트 그룹의 활동에 대해 이렇게 말했다.

> 처음에는 종종 영 페미니스트 그룹의 이벤트를 레즈비언 단체나 그 네트워크가 주도했다. 언론에서 많이 다룬 굵직한 일들도 레즈비언들이 기획한 것이었다. 퀴어 중에는 예술가가 많아서 이러한 이벤트를 하기 위해 복잡하게 준비할 필요도 없었다. 이러한 이벤트는 종종 저녁 식탁에서 결정되기도 했다. 퀴어들이 참여하면, 대중은 젠더와 동성애 문제를 더 많이 토론하고 논쟁하게 된다.

레즈비언들은 페미니스트 운동에도 참여했고 '동지' 운동 내의 젠더 불평등에 맞서기 위해 동지 공동체에서 캠페인을 펼치기도 했다. 2011년 12월 17일, 시나 웨이보(중국에서 가장 큰 소셜미디어 사이트)에서 '레즈비언 세일러문'이라는 ID를 쓰는 이가 "우리는 레즈비언이다! 우리는 퀴어다! 목소리를 내자!"며 공개적으로 성정체성을 밝히기 시작하자 많은 사람이 그 뒤를 이었다. 중국에서 레즈비언은 여성 중에서도, 동성애자들 중에서도 소수집단이므로 중국 퀴어들의 최전방 공격수가 되어야 한다고 선언한 레즈비언 운동가들이 벌인 일이었다. 이렇게 온라인과 오프라인에서 동지 공동체의 '전쟁'이 시작되었다. 연례 LGBT 대회에서, 광범위한 토론이 이루어졌고 한 무리의 성난 레즈비언들은 게이 남성이 주도하는 불평등한 구조와 운동에 문제를 제기했다.

퀴어이자 페미니스트인 레즈비언들은 여성 운동과 퀴어 운동 양쪽에 좀 더 '급진적인' 관점을 가질 수 있게 하는 중요한 역할을 하고 있다. 영 페미니스트 운동 그룹의 한 핵심 운동가는 "레즈비언들이 토론에 참여하면, 좀 더 급진적인 주제가 언급되고 더 많은 갈등이 일어난다. 논란의 여지가 있는 주제를 주저없이 제기할 수 있는 이들은 바로 소수집단에 있는 이들이다"라고 말했다. 퀴어들은 목소리와 행동을 더 크게, 더 세게 하며 더 어려운 도전을 택한다.

'레즈비언 세일러문'이 "누구나 레즈비언 세일러문이 될 수 있다"고 말한 적이 있다. 영 페미니스트 그룹도 "누구나 영 페미니스트 운동가가 될 수 있다"고 선언했다. 여성 운동과 동성애 운동 양 진영에서 일어난 페미니스트 행동의 여파 속에서 누구나 참여할 수 있다는 말이 우연히 동시에 나온 것이다. 중국 영 페미니스트 운동은 실천 면에서 탈중심화되어 있으며 모든 이가 참여할 수 있도록 한다. 젊은 퀴어들은 주변화된 집단에 속하는 것, 주류의 장소에서 발언할 권리를 '되찾기' 위한 도전을 하는 것으로 페미니스트 행동을 시작한다. 이들은 페미니즘과 섹슈얼리티 문제뿐만 아니라 개발과 시민 운동 관련 주제에도 관심을 가진다. 4차 UN 세계여성대회가 열리고 20년 후, 퀴어들은 페미니스트들을 만났고 젊은 세대는 새로운 사회 운동이라는 광활한 바다에 들어섰다. 앞으로 이들이 어떤 거센 파도를 만들지 지켜볼 일이다.

다섯 명의 페미니스트 체포되다: 영 페미니스트 운동 탄압

2015년 세계 여성의 날 하루 전인 3월 7일, 중국 당국은 영 페미니스트 행동 그룹의 리팅팅, 우룽룽, 정추란, 웨이팅팅, 왕만을 구금했다. 이 사건 전후로, 경찰은 수많은 페미니스트 운동가를 조사했으며 어떤 이들은 경찰에 체포되거나 조사받는 것이 두려워 숨어야만 했다.

그때 나도 그 다섯 명 중 하나로 체포되어 하이디안 수용소에서 심문을 3,40번 받았다. 그들은 나의 NGO 활동, 어떻게 성희롱 반대 캠페인에 참여하게 되었고, 돈은 어디서 나오며, 내가 속한 단체 상황은 어떤지, 내가 무슨 일을 하는지, 예산, 기부자 등에 대해 질문했다. 그들은 내가 반정부 활동을 위해 해외에서 돈을 받았을 것이라 추측했다. 바깥 소식을 들을 수 없고 자유도 없으며 '빅 브라더'가 모든 걸 감시하는 수용소에서 37일간 지냈던 것은 결코 잊을 수 없는 끔찍한 경험이었다. 경찰은 우리의 활동이 범죄라고 나를 설득하려고도 했다.

중국 안팎에서, 국내외 가릴 것 없이 다섯 명의 페미니스트에게 많은 격려가 쏟아졌다. 다른 페미니스트들은 숨어 지내면서 다섯 명의 친구가 석방되도록 하기 위해 노력을 기울였다. 다섯 명의 페미니스트 얼굴을 인쇄한 마스크를 쓰고 중국 곳곳에서 사진을 찍어 미디어에 이 문제를 제기했다. 『인터내셔널 뉴욕 타임스』의 기자는 다음과 같이 썼다.

> 인도, 한국, 미국, 홍콩 등 여러 나라와 도시에서 이들을 지지하는 항의 시위가 열렸다. 지지자들은 구금된 여성들의 얼굴 사진이 박힌 마스크를 썼다. 구금 중인 페미니스트 다섯 명 중 두 명은 레즈비언이고 나머지 세 명은 양성애자이기 때문에, 올 아웃All Out 같은 해외의 게이 인권단체들은 85,000명의 서명을 받고 트위터에 #freethefive를 널리 퍼뜨리기 위해 전력

체포된 다섯 명의 중국 페미니스트

투구했다(Jacobs, 2015).

세계적인 캠페인 덕에 결국 중국 운동가들은 석방되었다. 서방 국가들은 다섯 명의 페미니스트 석방을 강력하게 요구했다. 미국에서도 민주당의 가장 강력한 대선 후보인 힐러리 클린턴, 부통령 조 바이든, 국무장관 존 케리가 이들의 석방을 요구했다. 영국, 캐나다, 유럽연합도 이들의 구금 사태에 대해 우려를 나타냈다(Wee, 2015).

이는 분명, 페미니스트 운동에 대한 거대한 탄압이었다. 시진핑習近平이 이끄는 새 정부가 들어서자, NGO와 시민 사회에 더 큰 압력이 가해졌다. 예를 들면, 중화인민공화국 국가안보법, 그리고 외국 NGO 활동 규제를 위한 법 등 몇 개의 법안이 곧 통과될 예정이다(국가안보법은 2015년에 통과되었다). 인권 운동가들도 더 많이 체포되었다. 한 예로, 중국 본토에서 100여 명의 인권 운동가와 예술가들이 홍콩의 '센트럴을 점령하라 Occupy Central'(2014년 홍콩의 '우산혁명' 즉 직선제, 민주화 요구 시위를 주도한 시민

단체를 말한다. 2011~12년, 전 세계적인 '점령하라Occupy' 운동의 일부분으로 홍콩에서 일어난 시위도 '센트럴을 점령하라'이다)를 지지하는 시위를 했다는 이유로 체포되었다.

요즘 분위기가 이러니까 영 페미니스트 운동은 당분간 튀지 않도록 자제하며 앞으로 무슨 일이 벌어질지 주시해야 할 듯하다. 앞에서 언급했다시피, 젊은 세대는 새로운 사회 운동과 행동이라는 거대한 물결에 뛰어들어 기꺼이 헌신하고 있다. 그런데 이제 이들이 힘겨운 시기를 맞고 있다. 현 정치 상황에 맞서는 새로운 전략과 방법이 필요하다.

참고 문헌

Friedlander, E. (ed.)(1996), *Look at the World through Women's Eyes, Plenary Speeches from the NGO Forum on Women, Beijing '95*, New York, NY: NGO Forum on Women, Beijing '95.

Jacobs, A.(2015, April 7), "Chinese Women's Rights Cctivists Land in Jail," *International New York Times*, Retrieved from http://cn.nytimes.com/china/20150407/c07women/en-us/

He, Xiaopei(2002, November). "Birthday in Beijing: Women Tongzhi Organizing in 1990's China," *IIAS Newsletter*.

Li, Sipan(2014, May 13), *Zhong guo nv quan: shi fu hui you er shi nian. (Chinese feminist: 20 years after Beijing 1995)*, Nandu.com.

Wee, S. L.(2015, May 7), "Global Campaign Preceded Surprise Move to Free Chinese Activists," Reuteres. Retrieved from http://uk.reuters.com/article/2015/05/07/uk-chinarights-women-idUKKBN0NS2GF20150507.

Wilson, Ara(1996), "Lesbian Visibility and Sexual Rights at Beijing," *Signs*, 22(1): 214-218.

3 친밀한 관계에서의 여성에 대한 폭력: 말레이시아의 사례

텡구 누어 파질라 텡구 하산, 시티 하와 알리, 하림 살레

개요

남편이나 애인 등 친밀한 관계의 남성에 의해 일어나는 폭력은 예전부터 많은 여성이 겪는 문제이므로, 여성들의 복지에 중요한 역할을 한다. 친밀한 관계에서의 폭력은 스트레스를 많이 유발하며 신체적 폭력뿐만 아니라 정서적 폭력, 성폭력도 함께 일어나는 경우가 많다. 이 연구의 목적은 친밀한 파트너 폭력을 경험한 여성들이 도움을 구하는 방식과 그들이 받은 도움에 대한 만족도를 알아보려는 것이다. 더 나아가, 이 연구는 여성들이 도움을 구할지 말지 결정하는 데 영향을 주는 요인들도 살펴볼 것이다. 이 글의 저자들은 2009년 5월부터 2010년 5월까지, 말레이시아에서 친밀한 파트너 폭력을 경험한 여성 316명과 이들이 여성단체로부터 받은 도움에 대해 횡단적 연구cross-sectional study(동일한 시점에서 서로 다른 집단들의 특성을 비교하는 연구 방법)를 수행했다. 여성 건강과 일상적 경험에 대한 WHO의 다국적 연구 설문지를 번역하고 인증받아 면접에 사용했다. 이렇게 해서 얻은 정보는 IBM SPSS 통계학 버전 20 소프트웨어를 사용해 분석했다. 폭력의 강도와 도움을 구하는 행위 간의 연관성을 밝히는 데 카이 제곱 검정chi-square test을 사용했다. 이 연구를 통해 학대당한 여성들 대부분이 공식적·비공식적 자원에서 모두 도움을 구한다는 것을 알게 되었다. 이 결과는 여성들이 친밀한 관계 폭력에 대해 알고 대처할 수 있게 할 뿐만 아니라 학대받은 여성들이 이용할 수 있는 지원 네트워크의 강화를 위해 더 많이 노력해야 함을 보여준다.

서론

친밀한 파트너 폭력은 전 세계 여성의 15~71%가 당하고 있는 것으로 알려져 있으며, 이것은 평생 한 번 이상 파트너 폭력을 경험한 여성의 비율을 조사한 것이다(Garcia-Moreno, Jansen, Ellsberg, Heise, & Watts, 2005). 친밀한 파트너 폭력은 친밀한 관계, 특히 남녀 관계 내에서 일어나는 폭력 행위를 일컫는데 이러한 폭력은 여성의 삶에 매우 부정적인 영향을 준다(Krug, Dahlberg, Mercy, Zwi, & Lozano, 2002). 여성지원단체Women's Aid Organization가 말레이시아 전국을 대상으로 한 조사에 따르면, 15세 이상 여성 중 약 180만 명(36%)이 남편 또는 애인에게 구타당하는 것으로 드러났다(Abdullah, Raj-Hashim, & Schmidt, 1995). 외래 환자로 진료받은 여성들을 조사한 또 다른 연구는 평생 친밀한 파트너 폭력을 당한 확률이 31.5%에 달한다는 것을 보여준다(Norashikin, 2002). 친밀한 파트너에게 당하는 학대는 여성들에게 온갖 건강 문제를 야기한다. 이런 폭력을 당한 여성들은 신체적 상해, 재생산 건강 이상, 정신적·행동적 문제들로 인해 건강 상태가 매우 나빠져(Krug et al., 2002), 생활의 질도 떨어지게 된다(Leung, Leung, Ng, & Ho, 2005). 그러나 어떤 여성들은 그런 폭력에 대처하는 방법으로 그 관계를 벗어난다. 폭력을 경험한 여성들은 다양한 대처 방법을 택하는데, 그중에는 남편이나 애인과 헤어지는 것, 집을 잠시 또는 영영 떠나는 것, 기관이나 가족과 친구에게 도움을 요청하는 것이 포함된다. 많은 연구가 보여준 바로는, 여성들이 가장 많이 도움을 구하는 곳은 가족, 친구 등 비공식적 지원 네트워크이다(Bruschi, Paula, & Bordin, 2006; Garcia-Moreno et al., 2005; Meyer, 2010). 따라서 친밀한 관계 폭력의 피해자들이 도움을 구하는 과정을 이해하고 지원하려는 노력이 시급하다. 그러나 친밀한 관계에서 폭력을 당하고도 도움을 구하지 않고 침묵하는 여성들도 있다.

피해 여성이 도움을 청하는 데 영향을 주는 요인은 폭력의 빈도와 강도, 관계의 지속 기간, 공식·비공식 지원 네트워크의 이용 가능성이다(Waldrop & Resick, 2004). 그리고 파트너 학대에 대한 개인의 태도는 사회의 젠더 규범의 영향도 받으므로 젠더 규범이 큰 역할을 한다고 볼 수 있다. 또 다른 요인으로 자녀의 안전 문제가 있다. 자녀들이 위험에 처했다는 걸 깨닫게 되면 결국 여성들은 도움을 청할 용기를 낸다(Chang et al., 2010; Randell, Bledsoe, Shroff, & Pierce, 2012). 여성들이 어떻게 도움을 청하는지 알아보는 것은 공식적·비공식적으로 이들에게 도움을 줄 수 있는 곳의 대응을 강화시키기 위해 필요하다.

지금까지 말레이시아에서 매 맞은 여성들이 도움을 청하는 행위에 대한 연구는 거의 없었다. 이 연구의 주요 목적은 친밀한 관계 폭력을 경험한 여성들이 도움을 청하는 방식과 그들이 받은 도움의 만족도를 알아보는 것이다. 더 나아가, 여성들이 도움을 받을지 말지 어떻게 결정하는지도 알아보고자 한다.

자료와 방법

연구 설정, 설계와 참여

이 연구는 말레이시아의 13개 주 중에서 페낭Penang, 슬랑오르Selangor, 페락Perak, 사바Sabah, 네게리 셈빌란Negeri Sembilan, 조호르Johor, 말라카Malacca, 켈란탄Kelantan 등 8개 주의 13개 여성단체가 18세에서 50세 사이의 여성들을 대상으로 실시한 것이다. 이들은 폭력 관계에 놓인 여성들에게 상담과 보호소 서비스를 제공하는 NGO이다.

이 연구에 필요한 표본 크기는 단위 비례 공식single proportion formula

을 사용해 산출했다. 그런 다음, 10%는 응답이 없을 것을 고려해, 422명을 연구 대상으로 삼았다. 필요한 표본 크기를 정하고 나서, 각 단체가 담당하고 있는 가정 폭력 피해자의 총인원 수에 비례해 단체별로 응답자 수를 할당했다. 연구팀이 정해준 인원 수에 맞추어 각 단체가 응답자를 선발했다. 무작위 표본 수집을 한 까닭은 응답자 선정에 편견이 개입하는 것을 줄이기 위해서였다. 응답자는 다음과 같은 기준에 따라 선정되었다. (1) 18~50세 사이의 여성, (2) 말레이시아인이거나 말레이시아인과 결혼한 자 또는 영주권자, (3) 말레이시아에 적어도 1년 이상 거주한 자, (4) 친밀한 관계에서 폭력을 경험한 자, (5) 현재 그 관계를 유지하거나 적어도 면접일로부터 일 년 전까지 그 관계에 있었던 자, (6) (2007년 1월부터 2009년 12월까지) 여성단체의 도움을 받은 자, (7) 말레이어나 영어를 이해하고 말할 수 있는 자, (8) 자발적인 참여자. 그리고 정신질환이 있는 여성은 연구에서 제외했다. 전체 표본에서 총 316명이 면접에 응했다(응답 비율 74.9%).

연구 방법

조사 방법으로 WHO의 '여성 건강과 일상적 경험에 관한 다국적 연구'(버전 10) 설문지를 사용했다. 이 설문지를 말레이어로 번역하고 세인스말레이시아대학교USM 연구자들이 인증했다. 이 설문지는 개인 신상 정보, 가정 생활 문항, 여성 문항, 참고 사항으로 구성되어 있다.

여성 문항에는 다음과 같은 12개 항목이 있다. 1) 응답자와 지역 사회, 2) 전반적인 건강 상태, 3) 재생산 건강, 4) 자녀, 5) 현재 파트너 또는 최근 파트너, 6) 젠더 역할에 대한 태도, 7) 응답자와 파트너, 8) 상해, 9) 피해 정도와 대응, 10) 다른 경험, 11) 경제적 독립 여부, 12) 인터뷰 마무리. 가정 폭력 문제 전문가와 논의해 원래 설문지에 있는 것 외에 몇 개의 질문을 추가했다.

정보 수집

정보는 직접 만나 면접을 해서 수집했다. 안전과 비밀 보장을 위해 면접은 대부분 각 단체 사무실이나 여성들이 방해받지 않고 안전하다고 느끼는 곳에서 진행했다. 각 단체는 여성 직원이나 봉사자들 가운데 인터뷰를 담당할 조사원을 선정했다. 이 조사원들은 현장 연구에 앞서, 세계보건기구WHO의 지침에 기초를 둔 교육을 2박 3일간 받았다. 이 교육을 통해 조사원들은 설문지에 익숙해지고 연구의 핵심 사항과 면접 기술을 익힐 수 있었다. WHO 지침은 3주간의 교육을 제안하지만, 조사원들은 친밀한 파트너 폭력 문제를 다룬 경험이 있으므로 교육 기간을 단축했다. 이들은 연구를 진행하는 동안 연구 방법의 이해, 정서적 안정, 면접에서 발생할 수 있는 모든 문제에 대해 지원을 받았다.

윤리적 고려 사항

연구 수행에 필요한 윤리적 인증은 세인스말레이시아대학교 의과대학 '연구와 윤리위원회'에서 받았다.

통계 분석

IBM SPSS 통계 버전20을 사용해 정보를 분석했다. 사회인구통계학적 특성, 도움을 추구하는 방식에 대해서는 기술적descriptive 분석을 했다. 폭력의 강도와 도움을 구하는 행위 간의 연관성을 살펴보기 위해 카이제곱 검정도 사용했다. 정서적 폭력만 보고한 여성들은 도움 추구 행위 분석에 포함시키지 않았다.

결과

사회인구통계학적 배경

여성들의 사회인구통계학적 특성은 〈표 1〉과 같다. 응답자들의 평균 연령은 36.25세(표준편차 7.53)였다. 말레이시아의 주요 종교 분포도와 이들의 종교 분포도는 일치한다. 학력을 보면, 대부분의 응답자가 교육을

표 1. 사회인구통계학적 특성 (316명)

	명 (%)	평균(표준편차)
나이		36.25(7.53)
종교		
무교	5 (1.6)	
이슬람교	74(23.4)	
가톨릭	70(22.2)	
개신교	20 (6.3)	
불교	51(16.1)	
힌두교	74(23.4)	
기타	22(7.0)	
학력		
무교육	11(3.5)	
초등교육	34(10.8)	
중등교육	199(63.0)	
고등교육 이상	72(22.8)	
경제적 독립		
자기 수입이 있는가		
예	226 (71.5)	
아니오	90 (28.5)	
결혼 상태		
유배우자	224 (70.9)	
동거	11 (3.5)	
따로 살지만 정기적으로 만남	11 (3.5)	
이혼 또는 현재 함께 살지 않음	70 (22.2)	
자녀 수		2.81 (1.93)

받았으며(96.6%), 중등 교육을 마친 이들이 가장 많았다(63.0%). 응답자 대다수가 혼인 관계를 유지하고 있으며(70.9%), 평균 자녀 수는 2.81명(표준편차 1.93)이었다. 225명(71.5%)은 자기 수입이 있는 것으로 보고되었다.

피해 경험

이 연구는 참여자들이 당한 정서적 폭력, 신체적 폭력, 성폭력을 분석했다. 정서적 폭력이 가장 흔했으며(96.8%), 그다음이 신체적 폭력(91.5%), 성폭력(58.9%)순이었다. 응답자들은 한 가지 이상의 폭력을 경험했으므로 수치는 상호 배타적으로 처리하지 않았다. 실제로 응답자의 반 이상(56%)이 세 가지 폭력을 모두 경험했다고 보고했다. 신체적 폭력의 가장 흔한 형태는 가벼운 폭력(89.6%)으로 찰싹 때리거나, 물건을 집어던져 다치게 하거나, 밀치고, 머리채를 잡아당기는 것이 이에 해당된다. 그다음은 심한 신체적 폭력(84.2%)으로 발로 차고, 끌어당기고, 두들겨 패고, 목을 조르고, 화상을 입히고, 주먹이나 물건으로 때리고, 무기로 위협하는 것이다. 성폭력은 다시 두 개의 범주, 성관계 강요(요구를 거부하면 보복할까 두려워 마지못해 응하는 경우 또는 단순히 강제로 삽입을 당하는 경우)와 심한 성적 학대(기구를 이용한 모멸적이고 굴욕적인 성경험)로 나뉜다. 다음과 같은 한 응답자의 이야기에서 성적 학대의 예를 볼 수 있다.

> 그는 내가 자기 전에는 성관계를 하려고 하지 않아요. 내가 막 잠들면, 그제야 와서 내 옷을 찢고 바지를 내리고 오이랑 병을 내 질에 집어넣어요. 내가 싫다고 하면 때리기 시작하죠.

친밀한 파트너 폭력을 경험한 여성들은 그로 인한 다양한 신체적·정신적 건강 문제를 가지고 있다. 응답자 대다수(81.8%)가 신체적 상해를 입었고, 반 이상이 정신적 고통을 호소했다.

여성들은 누구에게 폭력 사실을 말하는가?

남편이나 애인의 폭행에 대해 누구에게든 말한 적이 있느냐는 질문에 응답자 대부분(92.3%)이 적어도 한 사람에게는 말했다고 했다. 그 대상에는 친구와 가족뿐만 아니라 경찰, 여성단체, 의료인, 마을 지도자도 포함되었다. 남편이나 애인의 폭력에 대해 다른 사람에게 털어놓은 적이 있는 응답자 대다수(75.2%, 224명)가 공식적 네트워크와 비공식적 네트워크의 사람에게 모두 말한 반면, 14.8%(44명)는 비공식적 네트워크에 있는 사람에게만 말했고, 2.3%(7명)는 공식 기관에 있는 이에게만 말했다.

공식적 네트워크와 비공식적 네트워크 두 가지를 모두 이용한 여성의 비율은 [그림 1]에서 볼 수 있다. 50% 이상이 친구, NGO, 형제자매, 부모

그림 1. 폭력 경험을 말한 대상 분포

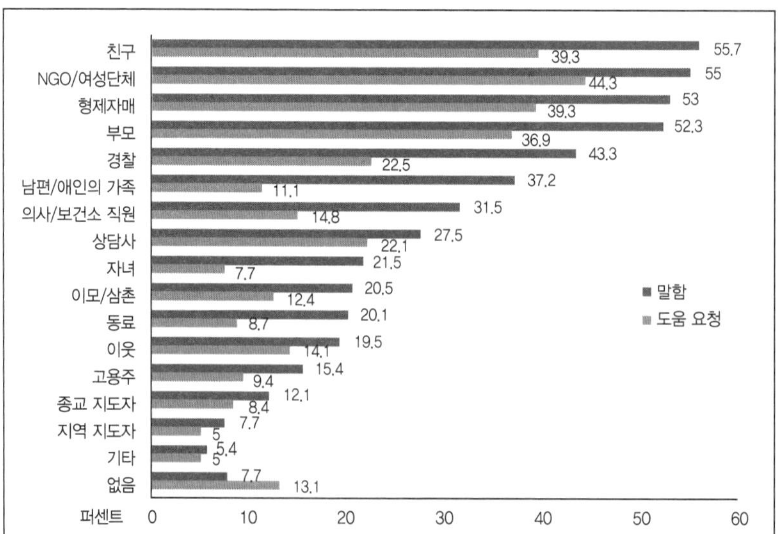

에게 말했다. 이 여성들에게 다른 사람이나 기관에 피해 사실을 알렸지만 돌아온 반응은 매우 실망스러운 것이었다. 39.3%의 여성들만 친구나 형제자매로부터 도움을 받았고, 44.3%가 NGO의 도움을 받았다. 부모의 도움을 받은 경우는 겨우 36.9%뿐이다. 43.3%의 여성들이 경찰에 신고했지만 22.5%만 도움을 받았으니 경찰의 반응 또한 매우 실망스럽다.

피해 여성이 특정 기관에 도움을 요청하게 만드는 것은 무엇인가?

폭력으로 신체적 상해를 입은 여성은 지원 기관에 도움을 요청할 확률이 높은 것으로 나타났다. 이들이 신체적 상해 때문에 도움을 가장 많이 청한 기관은 병원과 보건소(97.4%)였고, 그다음이 보호소(93.7%), 경찰(92.3%), 사회복지센터(88.9%)였다.

피해 여성이 도움을 구하게 만드는 또 다른 요인은 폭력의 강도였다. 〈표 2〉는 신체적 폭력, 성폭력을 당하는 여성들이 서비스를 제공하는 기관들 가운데 적어도 한 곳에 도움을 요청했다는 것을 보여준다. 가벼운 신체적 폭력을 당한 여성들은 경찰(98.5%), 병원이나 보건소(98.0%), 사회복지센터(98.9%)에 도움을 청했다. 심한 신체적 폭력을 당한 여성들도 비슷한 양상으로 경찰(96.4%)과 병원/보건소(98.0%)를 선택했다. 그런데 이들은 여성단체(92.1%)와 폭력 피해 여성을 위한 보호소(쉼터)에도 도움을 청했다. 이 기관들은 적어도 상처가 나을 때까지 안전하게 숨을 곳을 찾아주는 것을 포함해, 해를 입지 않도록 조치를 취할 수 있게 돕는다. 그러나 성폭력의 경우, 이 패턴은 조금 달라진다. 성관계 강요로 고통받는 여성들은 보호소(48.1%)에서 보호받기를 선택하는 경향이 있었다. 안전한 장소에 피신해 있으면 돌발적인 성폭력으로부터 벗어날 수 있기 때문일 것이다. 심한 성적 학대를 당하는 경우도 매우 유사하지만 그 경우에

표 2. 피해 여성이 찾아간 기관과 폭력의 강도(298명)

변수	가벼운 폭력 명 (%)		P값	심한 폭력 명 (%)		P값	성관계 강요 명 (%)		P값	심한 성적 학대 인원 수 명 (%)		P값
	예	아니오		예	아니오		예	아니오		예	아니오	
지원 기관 전체												
예	267 (94.3)	16 (5.7)	0.021*	255 (95.9)	11 (4.1)	0.025*	170 (93.9)	11 (6.1)	0.586	105 (97.2)	3 (2.8)	0.041*
아니오	11 (73.3)	4 (26.7)		23 (71.9)	9 (28.1)		108 (92.3)	9 (7.7)		173 (91.1)	17 (8.9)	
경찰												
예	193 (98.5)	3 (1.5)	< 0.001*	189 (96.4)	7 (3.6)	< 0.001*	123 (62.8)	73 (37.2)	0.323	81 (41.3)	115 (58.7)	0.011*
아니오	90 (88.2)	12 (11.8)		77 (75.5)	25 (24.5)		58 (56.9)	44 (43.1)		27 (26.5)	75 (73.5)	
병원/보건소												
예	149 (98.0)	3 (2.0)	0.014*	149 (98.0)	3 (2.0)	< 0.001*	89 (58.6)	63 (41.4)	0.430	64 (42.1)	88 (57.9)	0.032*
아니오	134 (91.8)	12 (8.2)		117 (80.1)	29 (19.9)		92 (63.0)	54 (37.0)		44 (30.1)	102 (69.9)	
사회복지기관												
예	89 (98.9)	1 (1.1)	0.045*	84 (93.3)	6 (6.7)	0.135	60 (66.7)	30 (33.3)	0.168	39 (43.3)	51 (56.7)	0.094
아니오	194 (93.3)	14 (6.7)		182 (87.5)	26 (12.5)		121 (58.2)	87 (41.8)		69 (33.2)	139 (66.8)	
법률자문센터												
예	81 (96.4)	3 (3.6)	0.569	77 (91.7)	7 (8.3)	0.401	50 (59.5)	34 (40.5)	0.788	30 (35.7)	54 (64.3)	0.906
아니오	202 (94.4)	12 (5.6)		189 (88.3)	25 (11.7)		131 (61.2)	83 (38.8)		78 (36.4)	136 (63.6)	

변수	가벼운 폭력 명 (%)		P값	심한 폭력 명 (%)		P값	성관계 강요 명 (%)		P값	심한 성적 학대 인원 수 명 (%)		P값
	예	아니오		예	아니오		예	아니오		예	아니오	
법원												
예	61 (98.4)	1 (1.6)	0.323	55 (88.7)	7 (11.3)	0.875	40 (64.5)	22 (35.5)	0.494	25 (40.3)	37 (59.7)	0.453
아니오	222 (94.1)	14 (5.9)		211 (89.4)	25 (10.6)		141 (59.7)	95 (40.3)		83 (35.2)	153 (64.8)	
쉼터												
예	77 (97.5)	2 (2.5)	0.369	77 (97.5)	2 (2.5)	0.006*	57 (72.2)	22 (27.8)	0.015*	38 (48.1)	41 (51.9)	0.011*
아니오	206 (94.1)	13 (5.9)		189 (86.3)	30 (13.7)		124 (56.6)	95 (43.4)		70 (32.0)	149 (68.0)	
지역 지도자												
예	46 (97.9)	1 (2.1)	0.480	43 (91.5)	4 (8.5)	0.591	27 (57.4)	20 (42.6)	0.615	19 (40.4)	28 (59.6)	0.516
아니오	237 (94.4)	14 (5.6)		223 (88.8)	28 (11.2)		154 (61.4)	97 (38.6)		89 (35.5)	162 (64.5)	
여성단체												
예	195 (96.1)	8 (3.9)	0.256	187 (92.1)	16 (7.9)	0.020*	122 (60.1)	81 (39.9)	0.741	74 (36.5)	129 (63.5)	0.912
아니오	88 (92.6)	7 (7.4)		79 (83.2)	16 (16.8)		59 (62.1)	36 (37.9)		34 (35.8)	61 (64.2)	
성직자/종교 지도자												
예	60 (95.2)	3 (4.8)	1.000	58 (92.1)	5 (7.9)	0.419	36 (57.1)	27 (42.9)	0.510	26 (41.3)	37 (58.7)	0.350
아니오	223 (94.9)	12 (5.1)		208 (88.5)	27 (11.5)		145 (61.7)	90 (38.3)		82 (34.9)	153 (65.1)	
기타												
예	12 (100.0)	0 (0.0)	1.000	12 (100.0)	0 (0.0)	0.373	8 (66.7)	4 (33.3)	0.772	5 (41.7)	7 (58.3)	0.762
아니오	264 (95.0)	14 (5.0)		246 (88.5)	32 (11.5)		170 (61.4)	108 (38.8)		100 (36.0)	178 (64.0)	

주의: * P값(유의확률)이 0.05보다 작으면 통계적으로 유의하다.

그림 2. 기관의 도움을 요청한 여성 비율과 그들의 만족도

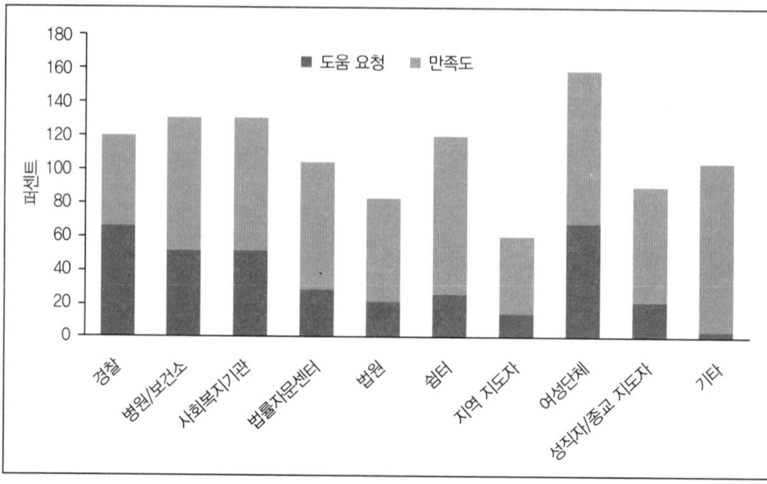

는 보호소(48.1%)로 피했을 뿐만 아니라 경찰(41.3%)과 병원(42.1%)에도 도움도 요청했다.

[그림 2]는 여성들의 기관 서비스 이용률과 이에 대한 만족도를 보여준다. 가장 많은 여성이 도움을 청한 기관은 여성단체(68.1%)였고, 그다음이 경찰(65.8%), 병원/보건소(51.0%)였다. 사회복지기관, 법률자문센터, 보호소, 법원 같은 기관과 종교 지도자와 지역 지도자를 찾아간 여성은 적은 편이었다. 성과 면에서, 보호소와 여성단체가 여성들에게 가장 만족스러운 서비스(보호소 93.7%, 여성단체 92.1%)를 제공한 것으로 나타났다. 79.6%의 여성이 병원/보건소가 제공한 서비스에 만족했으며 법률자문센터(75.0%), 사회복지기관(74.4%), 성직자/종교 지도자(69.8%)와 법원(61.3%)이 그 뒤를 이었다. 피해 여성들은 경찰(53.1%)과 지역 지도자(44.7%)에 대해서는 상당히 불만족스러워 했다.

다음 진술에서 볼 수 있듯이, 일부 응답자들은 이용 가능한 서비스에 대해 불만족을 표시했다.

경찰과 병원이 학대당한 여성들에게 양질의 서비스를 주지 않을 뿐더러 법원도 심하게 편파적이죠. 이혼을 신청한 지 2년이나 지났는데도 아직 이혼을 못했어요.

경찰은 나랑 얘기하고 싶지 않은가 봐요. 내 신고를 신경도 쓰지 않더라고요. 좀 있으면 내가 신고를 철회할 거라 말하더군요. 남편과 성관계를 하길 원하기 때문에 남편에게 다시 돌아갈 거라나. 오히려 날보고 '멍청하다'고 야단칩디다. 그때 의사는 다친 눈만 검사했어요. 몸 다른 곳은 보지도 않았고요. 지금도 몸 여기저기랑 손이 아파요.

〈표 3〉에서 볼 수 있듯이, 서비스를 제공하는 기관에 찾아온 여성들이 도움을 청한 이유로 가장 많이 든 것은, 더는 참을 수 없는 폭력의 강도(69.5%), 심한 부상(33.2%), 가족이나 친구의 격려(42.6%), 남편/애인이 자기를 죽일까 봐 두려워서(24.8%)를 들 수 있다. 여성들은 폭력이 자녀에

표 3. 도움을 청한 이유(278명)

	인원 수 (명)	비율 (%)
더는 참을 수가 없어서	207	69.5
친구/가족의 격려로	127	42.6
심각한 상해	99	33.2
살해당할까 두려워서	74	24.8
남편/애인이 죽이겠다고 위협해서 또는 죽이려고 한 적이 있어서	73	24.5
아이들이 고통을 당하는 걸 보고	73	24.5
응답자가 집에서 쫓겨나서	52	17.4
남편/애인이 아이들을 때리거나 때리겠다 위협해서	36	12.1
법적 해결	27	9.1
남편/애인을 살해할까 봐 두려워서	14	4.7
새 삶을 시작하고 싶어서	6	2.0
남편/애인이 변하기를 원해서	5	1.7
기타	29	9.7

표 4. 도움을 요청하지 않는 이유(20명)

	인원 수 (명)	비율 (%)
폭력이 심하지 않아서	11	3.7
믿어주지 않을까 봐 두려워서	6	2.0
가족의 명예를 더럽힐까 봐	5	1.7
관계가 끊어질까 두려워서	3	1.0
아이를 잃을까 두려워서	2	0.7
협박/결과가 두려워서	1	0.3
도움이 안 될 것 같아서	1	0.3
모르겠다	4	1.3
기타	3	1.0

게 미칠 때(36.6%)에도 도움을 구했다.

20명(6.7%)의 여성은 도움을 청하러 기관에 간 적이 없다고 했다. 그들이 제시한 이유를 보면, 폭력이 심하지 않아서 또는 당연한 것이라 생각해서(3.7%), 믿어주지 않을 것 같아서(2.0%), 도움을 청하면 가족의 명예에 먹칠을 할 것 같아서(1.7%)가 있었다.

논의

이 연구를 통해 신체적 폭력, 성폭력을 당한 여성 중 많은 이가 도움을 청한다는 것을 알게 되었다. 남편이나 애인이 폭력적인 경우, 도움을 청하는 것이 하나의 대처법이기도 했다. 또한 우리는 친밀한 관계에서 일어난 폭력에 대해 여성 대다수(92.3%)가 자기 경험을 누군가에게 말했고 극소수(7.7%)만이 말하지 않았다는 것을 발견했다. 이것은 여성들 대부분이 자기가 겪은 폭력에 대해 말하지 않는다는 다른 연구들과는 상반된다(Coker, Derrick, Lumpkin, Aldrich, & Oldendick, 2000; Garcia-Moreno et al., 2005; Jayasuria, Wijewardena, & Axemo, 2011). 피해 여성 대부분(93.8%)은

위에서 언급한 기관이나 당국 가운데 적어도 한 곳에 도움을 요청했다고 보고했다.

여성들은 공식적인 지원 체계보다는 가족이나 친구 등 비공식적 지지 집단에 먼저 찾아가는 것으로 드러났다. 가족, 형제자매, 부모에게 말한 여성들의 비율이 높다는 것으로 이를 알 수 있다. 그러나 이들의 반응은 언제나 도움이 되는 것은 아니었으며 때로는 자책이나 수치심을 더해주기도 했다. 연구 결과를 보면, 더 심한 폭력을 당한 여성이 도움을 청할 확률이 더 높다는 것을 알 수 있다. 심한 신체적 폭력을 당한 이들은 경찰, 여성단체, 보건소나 보호소의 도움을 청하는 경향이 있었다. 이는 심한 성폭력을 당한 여성들도 마찬가지였다. 신체적 상해를 입은 이들 대부분이 도움을 받기 위해 보건의료 서비스를 찾았다. 다른 연구들도 보건의료 서비스가 폭력적인 관계에 놓인 여성들을 발견하는 시발점이 될 수 있다는 비슷한 견해를 내놓은 바 있다(Black, 2011; Marinheiro et al., 2006). 이 사실은 보건의료 서비스를 이용한 여성 가운데 35.1~45.3%가 폭력 피해자라는 많은 연구 결과(Marinheiro et al., 2006; Norashikin, 2002; Othman & Mat Adenan, 2008)에 의해 뒷받침된다. 하지만 흔한 신체적 문제(예를 들면 골반통, 대하/냉)와 정신적 문제(예를 들면 두통, 불안증, 불면증)를 갖고 있는 환자들에게 의사는 폭력을 당하고 있는지 질문하지 않는다(Othman & Mat Adenan, 2008). 이런 흔한 증상들, 특히 정신적인 증상이 폭력의 결과일 수 있다. 그러므로 의료인은 환자를 진료할 때 이런 증상들에 대해 주의를 기울여야 한다.

공식적인 서비스를 받은 여성들 가운데 반 정도만 도움이 되었다고 느꼈다. 흥미롭게도, 이 연구의 표본이 이미 여성단체에서 도움을 받은 여성들이었지만 이들은 받은 도움에 충분히 만족하지 못한 것으로 보였다. 여성들이 도움을 청하는 이유를 보면, 폭력의 강도가 가장 큰 예측 변수

였고, 가족 성원이나 친구들의 격려, 자녀에 미치는 영향이 그다음이었다. 이는 다른 연구의 결과와도 일치한다(Barrett & Pierre, 2011; Chang et al., 2010; Fanslow & Robinson, 2010). 반면 기관에 한 번도 도움을 요청하지 않은 여성들이 그 이유로 든 것은, 보고했을 경우 달갑지 않은 결과가 나오지 않을까 하는 두려움이었다. 또 다른 이유는, 폭력을 당연하거나 참을 만하다고 여기기 때문이었다. 이 연구 결과는 학대받는 여성들은 자신이 처한 폭력적 관계를 해결하기 위해 공식적·비공식적 도움을 찾는 경향이 있음을 보여준다.

변화를 이끄는 단체들

'켈란탄재생산건강연합Reproductive Health Association of Kelantan'은 가족계획을 통해 산모와 영아 사망률과 질병률을 줄이겠다는 목적을 가지고 1957년도에 설립되었다. 최근 20년간, 이 단체는 여성, 남성, 청소년의 성·재생산 건강sexual and reproductive health과 관련된 다양한 문제를 중점적으로 다루었으며 활동의 기본 틀에는 젠더와 인권의 관점이 녹아 있다. 서비스를 받는 여성들은 성·재생산 건강에 대한 정보도 함께 받아, 성·재생산 건강에 대한 선택을 제대로 알고 할 수 있을 뿐만 아니라 자신의 몸을 잘 돌볼 수 있게 되었다. 아직도 금기시되는 낙태와 그 관련 주제들을 공개적으로 논의함으로써 여성들이 더 나은 결정, 더 안전하고 적절한 결정을 할 수 있도록 한다.

여성 활동가들이 활발히 일하고 있는 이 단체에서는 청소년 대상으로 청소년 건강 문제를 교육하고 일반인들에게도 HIV/AIDS 예방 교육을 하는데, 특히 소외 계층에 중점을 두고 있다. 또한 젠더에 기반한 폭력, 특히 친밀한 파트너 폭력에 대한 대중의 인식 제고에 초점을 맞춘다. 이러한 활동은 공공 캠페인, 지역 사회 봉사 활동, 청소년 캠프, 개별 상담, 지역 사회와 정부 당국과의 대화 같은 정보 전파, 교육, 커뮤니케이션 프로그램을 통해 이루어진다.

켈란탄재생산건강연합은 켈란탄 주에서 여성에 대한 폭력, 특히 친밀한 파트너 폭력 피해자들을 돕고 전문기관에 위탁하는 지원단체가 되었으며 경찰, 병원, 복지부, 주 보건부와도 협력한다. 이에 더해, 켈란탄재생산건강연합은 여성·아동 폭력을 근절하기 위해 말레이시아의 다른 여성 운동 단체들과도 손잡고 일한다. 최근에는 '변화를 추구하는 여성센터Women's Center for Change'와 함께, 지역 사회에서 성폭력에 대한 의식을 높이는 캠페인, 전시회, 토론회 같은 활동들을 펼쳤다. 이 밖에도 가정 폭력 문제에 대한 지역 사회의 인식을 제고하기 위해 여성행동회All Women's Action Society라는 이름의 여성 운동 NGO와 함께 공개 세미나를 공동 주최했다. 켈란탄재생산건강연합은 여성에 대한 폭력 문제에 대한 지역 사회의 의식을 높이는 일뿐만 아니라 여성에 대한 폭력에 대한 정보를 제공하는 일에도 열심이다. 여성, 남성, 청소년을 위한 세미나, 캠페인, 워크숍, 전시회 같은 다양한 프로그램과 활동을 운영하고 시행했다.

결론

간단히 말해, 친밀한 파트너 폭력을 경험한 여성들이 수동적이지 않다는 것이 이 연구를 통해 명확해졌다. 여성들은 친밀한 파트너 폭력을 겪고 나서 도움받을 길을 다각도로 찾아 나섰고 가족과 친구와 같은 비공식적 네트워크에서 도움을 청하는 경우가 가장 많았다. 대다수 여성은 위협을 크게 느낄 때만 공식적인 곳에 도움을 요청했다. 우리 연구의 표본 여성들을 보면 폭력을 당한다고 해서 반드시 도움을 청하는 것은 아니었다. 친밀한 파트너 폭력은 사생활 영역이라고 생각해서 밝히기를 꺼리는 여성들도 있었다. 따라서 도움을 청하는 것이 하나의 과정이며 여성들이 다른 이들과 친밀한 파트너 폭력 경험을 논의하거나 폭력적인 관계로부터 벗어나는 데 시간이 든다는 것을 이해하는 것이 중요하다. 그리고 피해 여성이 도움을 청하는 과정에서 몸과 마음 모두 보살핌을 받을 수 있게 하는 것이 필요하다. 또한 이 연구 결과는 친밀한 파트너 폭력을 겪은 여성을 지원하는 다양한 서비스와 프로그램의 필요성을 보여준다. 그러므로 가부장적 가치와 전통을 해체해서 공식적·비공식적 지원 체계에 문화적 변화가 일어날 수 있도록 해야 한다. 그렇게 되면 여성들은 사회에서 자신의 정당한 권리와 지위를 누리는 동시에 존중받고 공평하게 대우받는다고 느끼게 될 것이다.*

참고 문헌

Abdullah, R., R. Raj-Hashim, & G. Schmidt (1995), *Battered women in Malaysia: Prevalence, problems and public attitudes: A summary report on Women's Aid Organization* (A summary report of Women's Aid Organization). Petaling Jaya: WAO.

Barrett, B.J. & St. M. Pierre (2011), "Variations in women's help seeking in response to intimate partner violence: Findings from a Canadian population-based study." *Violence Against Women*, *17*(1): 47-70. doi: 10.1177/1077801210394273

Black, M.C. (2011), "Intimate partner violence and adverse health consequences:

* 이 연구에 참여해 자신의 고통스러운 경험을 나눠 준 모든 여성, 그리고 현장 연구에 시간과 노력을 들인 인터뷰 진행자들에게 깊은 감사를 드린다. 이 연구를 수행할 수 있게 대학 연구 기금을 준 세인스말레이시아대학교에도 감사드린다.

Implications for clinicians." *American Journal of Lifestyle Medicine*, 5: 428-439. doi: 10.1177/1559827611410265

Bruschi, A., C.S. de Paula, & I.A.S. Bordin (2006), "Lifetime prevalence and help seeking behavior in physical marital violence." *Rev Saude Publica*, 40(2): 256-264. doi: 10.1590/S0034-89102006000200011

Chang, J.C., D. Dado, L. Hawker, P.A. Cluss, R. Buranosky, L. Slagel, & S.H. Scholle (2010), "Understanding turning points in intimate partner violence: Factors and circumstances leading women victims toward change." *Journal of Women's Health*, 19(2): 251-259. doi: 10.1089/jwh.2009.1568

Coker, A.L., C. Derrick, J.L. Lumpkin, T.E. Aldrich, & R. Oldendick (2000), "Help-seeking for intimate partner violence and forced sex in South Carolina." *Am J Prev Med*, 19(4): 316-320. doi:10.1016/S0749-3797(00)00239-7

Fanslow, J.L. & E.M. Robinson (2010), "Help-seeking behaviors and reasons for help seeking reported by a representative sample of women victims of intimate partner violence in New Zealand." *Journal of Interpersonal Violence*, 25(5): 929-951. doi:10.1177/0886260509336963

Garcia-Moreno, C., H.A.F.M. Jansen, M. Ellsberg, L. Heise, & C. Watts (2005), *WHO multi-country study on women's health and domestic violence against women: Initial results on prevalence, health outcomes and women's response*. World Health Organization.

Jayasuria, V., K. Wijewardena, & P. Axemo (2011), "Intimate partner violence against women in the capital province of Sri Lanka: Prevalence, risk factors and help seeking." *Violence Against Women*, 17(8): 1086-1102. doi: 10.1177/1077801211417151

Krug, E.G., L.L. Dahlberg, J.A. Mercy, A.B. Zwi, & R. Lozano (2002), *World report on violence and health*. World Health Organization.

Leung T.W., W.C. Leung, E.H.Y. Ng, & P.C. Ho (2005), "Quality of life of victims of intimate partner violence. *International Journal of Gynecology and Obstetrics*, 90: 258-262. doi:10.1016/j.ijgo.2005.05.010

Marinheiro, A.L.V., E.M. Vieira, & L. de. Souza (2006), "Prevalence of violence against women users of health care services." *Rev Saude Publica*, 40(4): 604-610. doi: 10.1590/S0034-89102006000500008

Meyer, S. (2010), "Responding to intimate partner violence victimisation: Effective options for help-seeking." *Trends & Issues in Crime and Criminal Justice*, 389: 1-6.

Norashikin, M. (2002), "Keganasan rumahtangga terhadap wanita: Prevalen dan faktor-faktor yang mempengaruhinya di kalangan wanita di jabatan pesakit luar [Domestic violence against women: Prevalence and factors affecting women at the outpatient department]." *Malaysian Journal of Public Health Medicine*, 2(1): 58-64.

Randell, K.A., L.K. Bledsoe, P.L. Shroff, & M.C. Pierce (2012), "Mothers' motivation for intimate partner violence help-seeking." *J Fam Viol*, 27: 55-62. doi: 10.1007/s10896-011-9401-5

Othman, S. & N.A. Mat Adenan (2008), "Domestic violence management in Malaysia: A survey on the primary health care providers." *Asia Pacific Family Medicine*, 7: 2-9. doi:10.1186/1447-056X-7-2

Waldrop, A.E. & P.A. Resick (2004), "Coping among adult female victims of domestic violence." *Journal of Family Violence*, 19(5): 291-302. doi: 10.1023/B:JOFV.0000042079.91846.68

4 캄보디아 젠더 카페 프로젝트: 변화를 위한 여성 내면의 힘 키우기

로트바테이 소반

개요

캄보디아 사회에서 여성 폭력은 지금까지 방치되어 왔지만 발전과 인권을 위해 해결해야 할 중차대한 문제이다. '캄보디아 젠더와 발전Gender and Development for Cambodia'이라는 단체가 2011년에 시작한 활동인 '젠더 카페'는 정보를 공유하고 이야기를 나눔으로써 여성 역량을 강화해 여성 폭력 문제를 해결하는 데 그 목적이 있다. 2013년, 캄보디아 사회에서 특히 취약한 위치에 있는 네 집단의 여성, 즉 유흥업 종사자, 노점상, 공장 노동자, 퇴거 피해자들이 젠더 카페의 회원이 되었다. 젠더 카페 행사, 모니터링과 개인 지도, 캠프, 사례 발표, 라디오 쇼 출연 등의 활동을 통해 젠더 카페는 회원들이 여성에 대한 폭력에서 벗어날 권리를 행사할 수 있도록 지원하고 격려하고자 한다. 젠더 카페 활동은 여성에 대한 폭력에 대한 대응과 여성의 역량 증진에 상당한 성공을 거두었다.

배경

동남아시아의 개발도상국인 캄보디아는 억압적이고 위계적인 문화가 있어서 젠더 문제를 제기하기 쉽지 않은 곳이다. 수십 년에 걸친 내전과 대량 학살 이후, 캄보디아는 모든 분야의 발전을 꾀하고 있다. 캄보디아 새천년 발전 목표Cambodia Millennium Development Goals에는 젠더 관련 목표도 포함되었으며, 2015년까지 목표를 달성하기 위해 정부가 꾸준히 노력하고 있지만 아직도 해결해야 할 문제가 많이 남아 있다. 2004년 4월, 정부는 여성 폭력을 줄인다는 것을 새천년 발전 목표에 추가했다. 2015년까지 모든 형태의 여성 폭력과 아동 폭력이 현격히 줄어들게 하는 것이 목표로 설정된 것이다. 그로써 캄보디아는 세계에서 처음으로 여성 폭력의 감소를 국가 발전의 지표로 삼은 나라가 되었다. 동남아국가연합의 이웃 나라들처럼, 캄보디아도 남녀 불평등이 심하다. 여성이 인구의 절반이 넘고 캄보디아 공식 노동력의 반을 차지한다는 사실에도 불구하고, 여성은 남성보다 열등하다고 여겨지고 여성이 자기 권리를 행사할 수도 없다(CARE International Cambodia, 2013). 역사적으로 캄보디아 여성들은 가족과 공동체의 명예라는 이름으로 제약을 받았다. 여성들은 사회적 제약으로 인해 힘든 위치에 놓일 뿐만 아니라 가난 때문에 여러 형태의 폭력에 취약하게 된다.

「2010년 세계 여성의 경향과 통계 보고서」는 여성 폭력은 어디에서나 일어나는 현상으로 여성들은 신체적, 성적, 정신적, 경제적 폭력을 포함한 다양한 형태의 폭력을 당하고 있음을 보여준다(CARE International Cambodia, 2013). 캄보디아에서도 급속도로 확산되는 여성 폭력이 사회문제로 대두되었다. 그러나 이 문제에 대한 관심 확대와 해결 방안 모색 노력이 여성 폭력 확산의 속도를 따라잡지 못하고 있다. 여성들은 '완벽한 여성*SreyKrop Leak*'이라는 이미지를 늘 유지해야 한다는 이유로 억압받는다. 캄보디아 여성들은 '완벽한 여성'의 자격을 지키려면 수많은 사회 규범을 준수해야 하기 때문에 충분히 인권을 누릴 수가 없다. 완벽한 여성이라는 말은 이미 오래전에 사라졌지만, 자신과 가족을 위해 크메르 여성의 완벽한 이미지를 유지해야 한다는 생각은 아직도 남아 있다(Maiy,

2009; Vi, 2011). 크메르 여성들의 행동 규칙*CbapSrey*은 전통적으로 내려오는 사회 기준으로, 이상적인 여성이라는 개념으로 여성들을 평가한다. 이 규칙대로 처신하지 않으면 욕을 먹는다. 이 행동 규칙은 여성은 말이 적어야 하고 순종적이어야 하며 집에만 있어야 한다고 가르친다. 이렇게 이 규칙은 표현의 자유를 빼앗아서, 그 결과 교육이나 사회 생활의 기회, 자신을 보호할 기회도 가질 수 없게 한다. 예를 들어, 좋은 아내는 가족이나 가족 문제를 다른 사람에게 말해서는 안 된다. 남편의 명예를 더럽힐 수 있기 때문이다(Maiy, 2009). 이것은 가정 폭력, 강간, 여성을 대상으로 한 다른 범죄의 신고율이 낮은 이유이기도 하다.

여성 폭력이 젠더 불평등의 일부라는 것을 이해한 뒤에, 여성 폭력 문제에 대응하기 위해 우리는 젠더 카페 프로젝트Gender Café Project를 시작했다. 이 프로젝트는 개인 차원에서, 그리고 가정 차원에서 여성 폭력을 논의하게 만들려는 것으로, 여성들이 자기 이야기를 공개적으로 할 기회를 주고 여성들에게 행동할 용기와 힘을 줌으로써 앞으로 사회 변화에 기여하는 것을 목적으로 한다.

젠더 카페의 역사

여성들에게 개인사에서나 직장에서의 젠더 문제를 말할 수 있는 소박하고 안전하고 자유로운 발언대를 마련하려는 목적을 가지고 2011년 젠더 카페를 처음 시작했다. 젠더 카페는 다양한 배경을 가진 여성들을 초대해 여성으로 겪은 인생사에 대해 자유롭게 이야기하게 하고, 최신 젠더 쟁점에 대한 정보를 공유하는 매우 비공식적인 소규모의 모임이다. 2012년까지 젠더 카페는 그 특유의 공유 방식을 유지했으며, 그 행사 외에도 후속 모임과 개인 지도 같은 것도 제공했다. 이 같은 부수적인 활동에서도 여성들은 많은 것을 얻을 수 있었다. 젠더 카페 참가자들은 더 많은 긍정적인 효과를 얻은 것으로 드러났다. 2012년 참가자들은 젠더 카페를 통해 여성 인권과 관련 서비스에 대한 최신 정보를 얻을 수 있었으며 다른 여성들과 사귈 기회를 얻었고 이를 통해 소속감을 가지게 되었다고 평가했다.

2013년, 몸과 마음의 상관성을 좀 더 강조하는 형태를 띠게 된 젠더 카페 프로젝트는 최근 캄보디아 사회에서 취약 집단으로 분류된 네 집단 여성들을 중점 대상으로 삼았다. 이 여성들은 자기 이야기를 할 수 있는 공간을 가지는 것과 폭력으로부터 보호받는 것이 절실했다. 여성 유흥업 종사자, 노점상, 공장 노동자, 철거민들이 바로 그 네 집단이다. 열악한 생활 조건, 정보 부족, 법적 장치의 부족으로 이 집단 여성들은 폭력을 당할 위험성이 크다. 이 여성들이 캄보디아 경제 활동에 크게 이바지하고 있으며 보호받고 존중받을 권리가 있음에도 불구하고, 이들의 이야기, 문제, 요구는 묵살되고 방치되었다.

표적 집단

캄보디아 전체 인구(350만) 중 4분의 1은 하루에 1.25달러보다 적은 돈으로 생활한다. 도시의 의류 산업 성장과 농촌의 일자리 부족으로 많은 농촌 인구가 도시로 이주했다. 320개 의류 공장에서 무려 356,609명이 일하고 있으며 그중 90%는 평균 24세의 이주 여성들이다. 프놈펜의 의류 노동자들은 공장 근처의 비좁은 셋방 한 칸을 동료와 나눠 쓴다. 생활 공간이 협소할 뿐만 아니라, 세입자는 수도 전기요금, 쓰레기 수거비를 정부가 청구하는 금액에 비해 훨씬 더 비싸게 내야 한다. 그러다 보니 최저 임금을 받아서 적절한 의료 시설을 이용하거나 영양가 있는 음식을 먹는 것은 불가능하다. 다른 한편으로 여성들은 열악한 노동 조건에서 일하면서 작업장에서 성희롱도 당한다. 노점상으로 일하는 여성들의 상황도 크게 다르지 않다. 이들은 자영업자이므로 자유로울 것 같지만, 비공식 경제에 속해 있어서 또 캄보디아 노동 정책의 혜택을 누리지 못한다. 2012년 젠더 카페를 시작하기에 앞서 시행한 여성 노점상 사전 조사에 의하면, 이들은 시장 경비원과 지역 당국으로부터 뇌물 요구와 폭행 위협을 받았다. 한편, 유흥업 종사 여성도 성폭력, 성희롱, 인신 매매를 당할 위험이 높다. 맥주 판매 업소에서 일하는 여성들을 대상으로 한 지역 NGO의 연구를 보면, 여성 종업원들의 80%가 성관계 제의를 받은 적이 있고 83%가 외설적인 행동을 경험했다고 하는 등 성희롱이 만연해 있음을 알 수 있다. 이들 중 54%는 신체적인 학대를 당했으며 60%는 위협을 받았는데 그중에는 총을 사용한 것도 있었다(Jenkins, 2006). 유흥업 종사 여성들은 종종 성매매 여성으로 취급당하는데 캄보디아의 유흥업 종사자가 다 그런 것은 아니다. 그리고 유흥업에 종사하게 된 가장 큰 이유는 경제적으로 가족을 부양하기 위해서라고 한다. 유흥업 종사 여성을 윤락 여성이라 부르는 것에서 알 수 있듯이, 이들은 HIV와 AIDS, 성병에 걸릴 위험이 높으며 의료 서비스에서도 차별을 당한다(MoEY, 2012). 의료 서비스 제공자에게서 당하는 차별에 더해, 성 매매 여성과 유흥업 종사 여성들은 가족에게, 그리고 사회에서 수치로 여겨진다. 따라서 이들은 무슨 일을 하는지 다른 이들에게 떳떳하게 밝히지 못하며 성희롱, 강간, 집단 강간, 착취, 인신 매매를 당해도 그 이야기를 비밀로 묻어둔다.

마지막으로 네 번째 표적 집단은 철거민 여성이다. 강제 퇴거 문제는 전부터 있었지만 강제 퇴거 반대 운동은 최근 들어 가시화되고 있다. 인권 증진과 옹호를 위한 캄보디아 연맹Cambodian League for the Promotion and Defense of Human Rights에 따르면, 2003년부터 40만 명 이상이 토지 수용과 강제 퇴거를 당했다(Hodal, 2012). 강제 퇴거가 진행되면서, 대부분의 시간을 집에서 보내던 여성들이 시위의 핵심 세력이 되었고 토지권을 주장하며 다 함께 맹렬한 운동을 벌였다. 퇴거 반대 운동에서 매우 중요한 역할을 했던 여성들은 지역 당국과 자신의 가족에게 온갖 폭력을 당했다. 2012년 5월 22일, 퇴거 반대 운동을 하던 여성 13명이 시위 도중 체포되었다. 5월 24일 3시간에 걸친 재판 끝에 모두 구속되었다(Khout Sopheak, 2012a). 시위 중 (대부분이 여성인) 시위 참여자들은 심하게 구타당해서 부상을 입었고 최루탄과 물대포의 공격을 받았다. 많은 이가 신체적 부상과 정신적 트라우마로 고생을 했다. 36세의 운동가 보브 소페아Bov Sophea는 지역 신문과의 인터뷰에서 이렇게 말했다. "우리는 정부가 우리에게 약속한 12.44헥타르의 땅에 표시를 하고 싶었을 뿐입니다. 그러나 땅에서 쫓겨났고 짐승처럼 두들겨 맞았죠"(Khout Sopheak, 2012b).

앞에서 언급한 네 집단을 평가하면서, 젠더 카페는 이들의 생활 여건과 젠더에 기반한 폭력 문제에 대해 더 잘 알 수 있었으며, 더 많은 이와 나누기 위해 이들의 이야기를 모았다. 이 프로젝트를 통해 우리는 페미니즘적인 목표를 세우고 강화하는 부수적인 성과도 얻을 수 있었다.

프로젝트의 성과

2013년 젠더 카페의 성과를 평가해 보니 여성들은 매우 긍정적인 변화가 있었다고 응답했다. 젠더 카페의 회원 거의 전부가 많은 사람 앞에서 자기 이야기를 하는 데 자신감이 생겼다고 했다. 젠더 카페 모임에 처음 참석해 거의 말을 안 했던 여성들도 모임에 두 번 나온 뒤부터는 눈에 띄게 활발히 이야기를 했고, 어떤 여성들은 외부에서 또래들과 여성 폭력에 대해 토론을 벌일 때에도 자신 있었다고 개인 지도 때에 말했다.

이 프로젝트에 참여하는 동안, 함께 이야기 나눈 여성들 사이에 연대감도 생겼다. 여성들은 서로에게 공감했고 여성 폭력 문제 해결을 위해 기꺼이 도움을 주려 했다. 특히 여성이라는 이유로 가정이나 직장에서 당하는 폭력에 대해 이야기하는 사람에게 서로 도움을 주려는 모습을 보였다. 어떤 여성들은 해결책을 위해 조언을 구하기도 했다. 이런 모습은 이들이 여성 문제에 관련한 관심사, 목표, 가치관을 공유하고 있음을 보여준다. 확실히 지금 이들은 젠더 문제에 더 민감해졌고 현 사회와 정치 문제에는 더 비판적이 되었다. 한 예로, 젠더 카페 회원들은 2013년 7월 총선을 앞두고 활발한 토론을 벌였다. 그 후로 회원들은 정치에 대해 더 많은 정보를 얻고 싶어했고 정치에 참여하는 자세를 가지게 되었다.

이에 더해, 젠더 문제에 대한 여성들의 지식은 넓어지고 깊어졌다. 이 프로젝트에 참여하기 전 여성들은 젠더에 기반한 폭력에 대해 거의 아무 얘기도 하지 못했지만, 토론을 거친 후에는 젠더 관련 개념들을 설명할 수 있게 되었다. 그리고 자기 문제와 젠더에 기반한 폭력의 연관성을 명확하게 표현할 수 있게 되었다. 후속 모임과 개인 지도 때, 참가자 중 절반 이상이 젠더와 여성 문제에 대해 자신이 알게 된 것을 다른 사람에게 전하고 싶다고 말했다.

한 노점상의 변화

노점상을 하는 파레스라는 이름의 여성은 남편의 도움을 거의 받지 않고 혼자 가족을 위해 돈을 벌었다. 젠더 카페에 참여하기 전에는 자기가 참고 살아온 이야기와 힘들었던 일을 꺼내기가 너무 힘들었다. 비판받을까 봐 두려웠기 때문이다. 남편은 글을 읽을 줄 모른다고 그녀를 무시했으며 부부 관계도 별로 좋지 않았다. 2013년에 파레스는 젠더 카페 모임에 한 번도 빠지지 않고 참석했는데 이 모임에서 행복감과 소속감을 얻었다고 말했다. 또 모임에 오면 그만큼 장사할 시간이 줄어들지만 뭔가를 배우고 정보를 얻는 것이 무척 좋았으며 모임에 참석하는 것이 매우 즐거웠다고 했다. 그녀는 남편을 비롯한 다른 사람들에게 자신처럼 글을 못 읽는 이도 정보를 얻을 수 있다는 것을 보여주고 싶어했다. 한 인터뷰에서 파레스는 이렇게 말했다. "내 주변에서 일어나는 일들에 더 깊게 생각하게 되고, 현재 이슈가 되고 있는 것, 여성들의 이야기, 권리에 대해 아는 것이 많아졌어요. 당장 남편과의 관계를 어찌 해야 하는지를 포함해, 다른 여성들의 이야기에서 배우는 것도 많답니다." 그녀는 남편을 젠더 문제를 이해하지 못하는 사람이라고 했지만 다른 여성들은 남편도 젠더 문제에 대한 토론에 참석하면 달라질 것이라 충고해 주었다. 젠더 카페에서 얻은 경험으로 그녀는 자신의 권리를 행사하고 남편과 동등해질 수 있는 힘을 얻었다. 나도 권리가 있다는 걸 안다고 남편에게 당당하게 말할 수 있었다. 그녀는 젠더 카페의 회원으로 계속 활동할 것이며 앞으로도 의견을 나누며 더 많은 것을 배우고 싶다고 기대를 밝혔다.

2013년 성과에 힘입어, 젠더 카페는 더 많은 여성이 목소리를 내고 지식을 넓히며 행동주의를 강화할 수 있도록 계속해서 도움을 주기로 했다.

2014년 젠더 카페

2013년 젠더 카페 프로젝트의 성과를 바탕으로, 2014년에도 젠더 카페는 네 가지 취약 집단의 여성들에게 초점을 맞추었다. 페미니스트 행동주의를 강화하고 내적으로 결속력을 다지기 위해, 2013년 참가자와 2014년 참가자의 만남을 주선할 계획을 가지고 있다. 2013년 젠더 카페처럼, 2014년 젠더 카페도 5개의 주요 활동을 펼치고 있다.

젠더 카페 조직

표적 집단을 정한 다음, 각 집단에서 15~20명을 석 달에 한 번씩 열리는 젠더 카페에 초대해서 개방적이고 안전하고 소박한 공간에서 이야기를 나누고 서로에게 배움을 얻는다. 이 행사 때마다 전년도 참가자들도 초대해서 자기 경험을 이야기하게 한다. 이들이 좋은 본보기가 되기 때문이다. 이 행사 때에는 '캄보디아 젠더와 발전'의 실무자에게 기술적인 도움을 받기도 한다. 젠더 카페의 주제는 그 당시 젠더 관련 사안이나 표적 집단의 요구에 따라 결정한다. 프로젝트를 시작하면서 처음 다룰 주제로는 참가자들의 권리, 현재 이들이 처한 어려움, 이들에게 유용한 법률과 정책, 직업상의 문제점들, 이들의 미래 목표, 이를 성취하기 위해 무엇이 필요한지 등이 있다. 또한 이 프로젝트는 정치·경제·사회에서 젠더 불평등에 대한 통찰과 해결에 관련된 주제들에 집중한다. 각 집단은 자신들에게 영향을 주는 사회 문제들을 논의하고 분석하게 된다.

2013년에 젠더 카페가 표적 집단으로 삼은 여성들 외에도, 20~30명의 여성을 일 년에 두 번 모임에 초대해 자신감을 키우고, 정치 참여 방법에 대한 지식을 넓히게 할 계획이다. 이 여성들이 각자의 지역 사회에서 여성 폭력을 줄이는 데 앞장서는 운동가가 될 것이라 기대한다. 이 집단은 쟁점에 대한 이해를 넓히고 해결책을 함께 강구하기 위해, 다양한 출신 배경과 경험을 지닌 참가자들로 구성될 것이다. 이들은 쟁점을 둘러싼 서로 다른 시각을 살펴보고, 다른 이의 입장에서 생각해 봄으로써 평화적으로 대화와 협상을 할 수 있게 될 것이며, 대중 연설에도 자신감을 갖게 될 것이다.

후속 사업과 개인 지도

젠더 카페에서 다룬 사례들을 계속 지켜보기 위해, 참가자들을 선발해 개인 지도와 후속 모임을 한다. 정보는 참여자들과 그 주변 사람들, 즉 가족, 동료, 친구들 모두에게 혜택이 가도록 공유할 것이다. 선발된 참가자들은 지도가 가장 필요한 사람순으로 개인 지도를 받게 된다. 개별 면담과 개인 지도 시간에 상담과 정보 공유를 통해 참가자들에게 도움을 주게 되며 필요한 경우 다른 전문가에게 의뢰한다.

캠프

연말에는 젠더 카페 회원 전원을 위한 연례 모임의 하나로 캠프를 연다. 캠프 덕분에 네 집단 여성들이 모두 모여 함께 결속을 다질 수 있다. 캠프는 여성들이 자기 이야기를 나누고 집단을 넘어 연대할 수 있는, 더 넓은 공간이 될 것이다. 각 집단 대표들을 초대해 젠더 카페에서 얻은 것들을 공유하고, 평등한 참여와 의사 결정에 대한 비판적 견해도 들을 계획이다. 다른 한편으로 캠프는 뜻을 같이하는 페미니스트들과 네트워크를 형성할 기회가 될 것이고, 자신이 속한 집단에서, 더 크게는 사회에서, 젠더 평등을 주장하기 위해 집단적으로 목소리를 내고, 집단적으로 행동할 수 있는 기회가 될 것이다. 또한 이 캠프는 미디어와 협력해 진행될 것이다. 젠더 카페 사업의 성과로 나타난, 자기 권리를 주장할 줄 아는, 역량이 강화된 여성들을 널리 보여주기 위함이다.

사례 기록과 발표

젠더 카페 토론에서 제기된 흥미로운 젠더 관련 문제를 더 많은 대중과 나누고자 한다. '캄보디아 젠더와 발전' 웹사이트, 페이스북, 신문, '캄보디아 젠더와 발전' 네트워크와 제휴 사이트에 올리게 문제들을 짧은 단락의 글로 정리할 것이다. 여성들의 허가 없이는 사례들을 발표하지 않을 것이며, 사례에 나온 여성의 이름은 익명으로 처리될 것이다. 우리의 목적은 표적 집단의 관심사와 요구를 자꾸 떠들어 결국 정책 입안자, 이해 당사자, 시민 사회의 주목을 끄는 것이다. 이것은 침묵의 문화에 종지부를 찍는 데에도 기여할 것이다. 젠더 카페 이후에도 인터넷을 통해 사례들을 널리 알리는 작업을 정기적으로 진행할 것이며, 중요한 사례들은 인쇄 매체를 통해 출판하고자 한다.

라디오 쇼

프로젝트 기간 동안, 젠더 카페 출신의 운동가들이 라디오 토크쇼에 게스트로 출연할 계획이다. 여성들의 경험과 관심사를 이야기하게 해서 여성들에게 힘을 줄 수 있도록 프로그램을 활용할 것이다.

제안

우리가 앞서 기술한 일련의 활동들을 해 나가면, 여성들이 젠더 문제에 관련된 자기 경험을 나누면서 힘을 얻고, 효과적이면서도 가능한 해결책을 모색할 것이라 본다. 더 나아가, 젠더 카페 모임을 통해 여성의 공적 생활, 정치 생활의 참여가 늘어나고 사회 운동에 대한 여성들의 의식도 고취될 것이다. 젠더 카페는 특히 지역 사회에서 여성 역량을 강화하는 데 좋은 방법이다. 젠더 카페는 글 읽는 능력이 필요하지도 않고, 참여하는 데 많은 시간이 필요하지도 않은, 취약 집단 여성들이 소박하게 정보를 공유할 수 있는 모임이다. 지역 사회에서는 침묵의 문화가 더 강력하고 정보를 얻기 힘들다는 점을 감안하면 지역 사회에 젠더 카페를 여는 것은 매우 유익할 것이다. 그리고 무엇보다 젠더 카페는 여성 운동 세력의 네트워킹을 위한 출발점이 되어야 한다. 지방의 작은 풀뿌리 단체로 출발해서 여성 인권을 증진하는 활동을 통해 큰 조직으로 커나가야 된다. 젠더 카페 프로젝트는 여성에 대한 폭력에 대한 증거 수집에 효과적인 방법이기도 하며 이는 여성의 인권 증진에도 기여할 것이다. 여성

폭력을 감추는 캄보디아 같은 사회에서 젠더 카페는 폭력에 의해 침묵하고 있는 이들의 이야기를 모을 수 있는 가장 효과적인 방법이다.

참고 문헌

CARE International Cambodia (2013), *Cambodia Program Statement*, Phnom Penh: Care International Cambodia.

Hodal, K. (2012), "Cambodia Police Arrest Women Protesting against Forced Evictions," *The Guardian*, February 2, retrieved from http://www.theguardian.com/world/2012/feb/02/cambodia-forced-evictions-land-grabs on 29 May 2014.

Jenkins, C. (2006), *Violence and Exposure to HIV among Sex Workers in Phnom Penh, Cambodia*, Washington DC: United States Agency for International Development (USAID).

Khouth Sophak, C. (2012a), "Boeung Kak Women Jailed after Three-Hour Trial," *The Phnom Penh Post*, May 25, retrieved from http://www.phnompenhpost.com/national/boeung-kak-women-jailed-after-three-hour-trial on 29 May 2014.

Khouth Sophak, C. (2012b), "Police Beat Women Protesters," *The Phnom Penh Post*, May 3, retrieved from http://www.phnompenhpost.com/national/police-beat-women-protesters on 29 May 2014.

Maiy, M. (2009), "Chbap Srey (Women code of conduct)," in M. Maiy (ed.), *Chbap Srey-Bros (Various Codes of Conduct/Rules)*, Phnom Penh: Publisher of Ministry of Education, Youth and Sport.

MoEY (Ministry of Education, Youth and Sport) (2012), *Examining Life of Young Entertainment Workers in Four Cambodian Cities*, Phenom Penh: Ministry of Education, Youth and Sports.

Vi, V. (2011), *Leak Srey (Women Ideal Characteristics)*, Phnom Penh: Nor Kor Vat Publisher.

제6부

분쟁과 정의

5 스리랑카 의류공장 여성 노동자를 위한 심리 상담

비달샤니 나디샤 페레라-데실바

개요

의류공장 여성 노동자는 스리랑카 여성 노동력에서 가장 큰 비중을 차지한다. 이들 여성 노동자는 여성들이 공통적으로 겪는 문제에 더해 의류공장에서 일한다고 부정적으로 보는 문제까지 겪고 있다. 공장 인근에 등장한 새 하위문화는 여성을 '상품'으로만 여긴다. 사회는 당면한 문제에 급급해 고정 관념 너머의 사람들을 알려고 하지 않고, 사회가 정형화하고 재단한 이 여성들은 보이지 않는 존재가 되었다. 이들은 나라에 수익을 안겨주는 데 중요한 역할을 할지라도, 사회에서는 소외된 집단이다. 최근 들어 정부, 비정부단체, 고용주들은 이들이 겪는 문제 해결을 돕는 데 심리 사회학적 개입의 중요성을 깨달았다. 이 글은 이 문제들과 스리랑카 사회에서 여전히 회의적으로 보는 '심리 상담'이 의류공장 노동자들의 정신 건강과 복지를 강화하고 유지하는 데 얼마나 중요한지에 초점을 맞추고자 한다. 또한 스리랑카의 상담 현황과 현장에서 심리 상담가들이 겪는 고충도 살펴볼 것이다.

서론: 의류공장 여성 노동자가 겪는 문제들

스리랑카는 전통적으로 가부장적인 사회이다. 여성들은 평생 남성의 감독을 받는다. 아버지, 형제, 남편, 장성한 아들이 여성의 삶을 통제하며 여성의 역할은 집안일에 국한된다. 그러나 1960년대와 1970년대의 사회 문화적·경제적 변화를 겪은 뒤, 여성들이 자발적으로 또는 필요에 의해 가정에서 나와 정치와 산업 분야에 참여하기 시작했다. 스리랑카는 세계 최초의 여성 총리를 배출했을 뿐만 아니라 대통령, 대법원장, 법무 장관 같은 요직을 여성이 차지하기도 했다. 그리고 많은 수의 여성이 계절 노동자와 산업 노동자로 일하고 있다. 이러한 사실은 스리랑카 여성들이 가부장제의 벽을 무너뜨렸다는 인상을 줄 수도 있다. 실제로 여성들이 스리랑카 경제에 크게 기여하고 있고, 사회·정치·문화 영역에도 참여하고 있다. 이것은 사실이지만, 사회가 이들의 참여와 기여를 어떻게 평가하고 받아들이는지는 여성들의 실질적인 사회적 위치에 의해 결정된다. 이런 맥락에서 페기 페런Peggy Phelen은 "재현 가시성representation visibility이 권력과 같다면, 거의 다 벗은 젊은 백인 여성들이 서구 문화를 주름잡고 있어야 한다. 그러나 이들 이미지가 넘친다고 해서 이들이 정치적 또는 경제적 권력을 쥔 것은 아니다"라고 지적했다(Phelen, 1993: 11). 그와 마찬가지로, 스리랑카에서 교육률과 취업률 같은 사회 경제적 지표에서 여성들의 참여가 높게 나타난다 해도 이것은 가시성의 징표이지 권력의 징표는 아니다.

스리랑카 여성들의 지위에 대해서는 여러 해석이 있을 수 있다(Ariyarathne, Lokuge, Najab, & Fernando, 2012). 이런 모호한 가시성의 정치학에 얽매인 주요 집단 중 하나가 바로 의류공장 여성 노동자들이다. 여성 노동자들의 가시성이 매우 뚜렷하게 나타나는 의류 산업은 현재 스리랑카 경제에서 매우 중요한 수입원이다. 1970년대부터 자유무역지구,[1]

1 자유무역지구Free Trade Zone 또는 수출가공지구Export Processing Zone는 해외 자본을 유치하기 위해 관세와 쿼터 같은 무역 장벽을 없애고 서류 절차를 간소하게 한 구역이다. 1970년대 말부터 스리랑카는 경제 발전의 핵심으로 자유무역지구를 활성화했다.

공업단지를 비롯한 여러 곳에 대규모 제조공장들이 들어섰다. 기본적으로 의류 수출은 스리랑카 총수출액의 53%, 국내총생산의 5.3%를 차지한다(Ambagahawatta, 2002). 의류제조업에서 가장 주목할 점은 고용인 대다수가 여성이라는 것이다. 국제노동기구ILO의 조사 연구에 따르면, 의류산업 노동력의 85%가 여성이며 그 대다수가 16~19세의 미혼 여성이다(Tennekoon in Ambagahawatta, 2002). 부지런히 미싱을 돌려 스리랑카에 수익을 안겨주었어도, 이들은 힘없고 목소리 없고 때로는 기본권마저 없는 외면당하는 사회 집단일 뿐이다.

가난과 저임금

공장의 여성 노동자들은 연령, 종교, 민족, 출신 지역이 매우 다양하지만 이들 모두의 공통점은 가난이다. 많은 여성 노동자가 농촌 지역 출신으로 돈을 더 벌기 위해 도시 공단으로 이주한 사람들이다. 의류공장 노동자들은 아침 7시 30분부터 저녁 5시 30분까지 일하며 대개 점심 시간 30분, 휴식 시간 15분을 가진다. 근무 시간이 더 길고 추가 근무, 야간 근무까지 하는 의류공장들도 있다. 의류공장 노동자들은 기본 임금이 매우 낮으며 종종 무리한 생산 목표를 맞추어야 한다. 생산 목표를 달성하지 못하면 언어 폭력을 당하기도 한다. 구체적으로 살펴보면, 초과 근무 수당을 제외한 평균 임금은 월 7837.55루피(약 59.5달러)이고, 초과 근무 수당을 포함하면 월 10497.15루피(약 79.7달러)가 된다(Hancock, Middleton, Moore, & Edirisinghe, 2011). 빠듯한 이 월급으로 이들은 하숙비, 식비, 의류비를 지출하고 가족도 돌봐야 한다. 공장 근처에 사는 노동자들 중 몇몇

---

http://www.tradechakra.com/economy/sri-lanka/free-trade-zone-in-sri-lanka-377.php

은 장보기와 요리를 할 여력이 없는 동료 노동자들에게 음식을 제공하는 작은 사업을 하기도 한다. 또 대출을 받아서 삼륜 택시를 남편에게 사주고 돈을 벌게 한 여성 노동자들도 있었다. 그러나 여성 노동자 자신이 유일한 가족 생계 부양자인 경우가 대다수이고 자신의 월급으로 매달 살림을 꾸려나가야 한다. 가족들의 요구는 들어줘야 하는데 금전 관리에 대한 지식은 없다 보니, 은행이나 개인에게 높은 이율의 대출을 받게 된다. 그러다 불어난 이자와 원금을 갚지 못해 큰 빚을 안게 되기도 한다.

사례 A는 두 아이의 엄마이다. 남편은 알코올 중독자인데 일용잡부로 일한다. 그녀는 과자를 만드는 작은 사업을 해 제법 돈을 벌었다. 시부모는 시누이 결혼에 그녀가 돈을 보태기를 원했다. 시가에서 돈을 갚기로 하고 그녀의 이름으로 두 대금업자에게서 돈을 빌렸다. 2년이 지나도 빚은 줄어들지 않고 오히려 쌓여 혼자 감당할 수 없을 정도가 되었고 대금업자들이 따라다니면서 공공 장소에서도 빚 독촉을 했다. 그녀는 너무 창피해서 사업을 접고 먹고 살 돈을 마련하려 의류공장에 들어갔다. 이 문제에 대해 남편에게 말하려고 할 때마다 남편은 싸움을 걸었고 번번이 폭력으로 확대되었다(사례 A, 32세, 스리랑카 아비사웰라Avissawella, 2014).

사회적 낙인

경제적 목적을 가지고 사회로 나간 여성들은 이른바 '전형적인 스리랑카 여성'을 규정하던 이데올로기, 신념, 행동에 크게 도전하는 것이다. 여성 공장 노동자들은 이 경험을 해방적이라 여길지 몰라도, 함께 사는 남자들은, 그리고 사회는, 예전이나 지금이나 이 변화를 받아들이지 못하고 있다. 분명히 이 여성들은 변했다. 외모도 변했고 더 사교적이 되었는데 정작 사회는 이 변화에 어떻게 반응해야 할지 모르는 것 같다. 그 결과, 공장 노동자들은 소외되었고 새로운 하위문화가 공장 주변에 등장했다.

이 하위문화의 주요 양상은 여성과 그 몸을 대상화해서 여성 노동자들을 싸구려 상품으로 취급하는 것이다. 구체적으로 '누더기'를 뜻하는 '가먼트 바두와*Garment baduwa*'와 같은 새 단어가 생겨났고, '가먼트 카알라 *Garment kaalla*(옷 쪼가리)', '칼라페 켈라*Kalape kella*(자유무역지구 여자)', '주키 켈라 *Juki kella*(주키 여자)'[2]는 이 여성들을 비하해서 일컫는 용어들이다. 역설적이게도 이런 표현을 쓰는 이들이야말로 이 여성 노동자 덕택에 하루하루 돈을 번다. 예를 들어, 인근에서 하숙을 치는 집과 은행, 상점, 여관, 병원 같은 서비스업 종사자, 삼륜 택시 기사들이 공장 주변으로 모여들어 마을로 발전했다. 그런데도 이들은 이 여성들을 비난한다.

성희롱

강간, 강간 미수, 만지고 더듬기, 성기 노출, 포르노를 보내거나 보여주기, 언어 폭력, 성적 농담은 공장 인근에서, 대중교통에서, 그리고 공장에서 여성들이 흔히 경험하는 성희롱이다(Ramlani, 2013). 삼륜 택시 기사들은 이 하위문화에서 중요한 역할을 한다. 이들은 승객을 매춘 여성과 연결해주고, 성관계를 하려는 젊은 커플에게 호텔과 여관을 구해주고, 불법 낙태 시술소도 찾아준다. 기사들의 농지거리 때문에 삼륜차 주차장을 지나가거나 삼륜 택시를 타는 것은 불쾌한 경험이라고 공장 노동자들은 생각한다. 한 노동자의 다음 발언은 이를 잘 보여준다.

> 공장 버스가 집 근처로 오지 않아 매일 삼륜차를 타야 하는데 기사들은 거의 매일 자기랑 결혼해주겠냐고, 더 심하게는 자기랑 성관계를 하지 않겠냐

---

2 '주키Juki'는 의류공장에서 사용하는 일본제 재봉틀 상표이다. 그래서 스리랑카에서는 공업용 재봉틀을 흔히 주키라 부른다. http://www.juki.co.jp/inedx_e.html

고 물어봐요. 다 같은 마을 사람이라 내가 의류공장에서 일하는 미혼모인 걸 뻔히 다 알거든요. 가족을 부양하기 위해 공장에 다니는 걸 알면서도 그러니 그들에게 난 웃음거리인 거죠. 거의 매일 날 괴롭혀요. 집까지 2킬로미터니까 까짓것 걸어서 가고 싶지만 하루 종일 일하고 나면 피곤해서 결국 삼륜차를 탈 수밖에 없어요. 가끔 저들이 왜 저러나 궁금하기도 해요. 우리 같은 여자들 때문에 생계를 유지하고 있다는 걸 모르는 걸까요? (사례 B, 36세, 스리랑카 아비사웰라, 2014)

이 여성 노동자들 중 많은 이는 남자 친구가 있는데 그중에는 진실한 남자도 있지만 좋지 않은 의도로 접근하는 남자들도 있다. '직업적 남자 친구'라고 불리는 남자들이 많은데 이들은 성적 만족을 위한 연애를 업으로 삼는다. 이들은 같은 일을 하는 친구들과 여자들을 공유하기도 하며 결국 성을 파는 사람이 된다. 원치 않은 임신과 성병 감염은 여성 공장 노동자들에게 유행처럼 퍼졌다. 게다가 보수적인 스리랑카 사회에는, 결혼할 때 처녀가 아닌 여성에 대한 관용이나 미혼모에 대한 지원이 그리 많지 않다. 현재 자신의 처지를 잘 아는 여성들도 있지만 어떤 여성들은 현실을 부인한다. 예를 들어 남자 친구의 요구에 따라 다른 남성들과 성관계를 가져야만 했던 한 여성은 다음과 같이 말한다. "남자 친구는 장점이 많아요. 사람이 좋아 친구들과 모든 걸 공유하죠. 그래서 그 친구들이 나와 성관계를 하고 싶다고 했을 때 '안 된다'고 말하지 못했죠. 너무 착한 사람이니까"(사례 C, 22세, 스리랑카 비야가마Biyagama, 2010).

여성에 대한 폭력

여성에 대한 폭력 중 최악의 형태는 자기 집에서 친밀한 파트너에게 당하는 것이다. 그런 경우에 여성들이 상황을 파악하고 거기서 벗어나는 것이 어려울 수가 있다. 남편이나 애인이 폭력의 이유로 거론하는 것은 종종 여성의 일과 관련된 것이다. 여성이 바람을 피웠다거나 일 때문에 집안일을 소홀히 한다거나 술 살 돈을 주지 않는다는 핑계를 대며 남편들은 폭력을 휘두른다. 알코올 중독과 의처증이 가정 폭력의 주원인으로 보이지만 젠더 역할이 가정 폭력에서 훨씬 더 큰 역할을 한다. 여성이 스스로 결정하고 돈을 벌어 여성을 '통제할 수 없게 되면' 남성의 지위와 자존심이 손상되는 것이다. 일부 남성들은 다시 여성을 통제할 수 있게 되려면 폭력을 행사하는 길밖에 없다고 생각하는 듯하다. 가정 폭력 가해자 남편은 상담 시간에 다음과 같이 진술했다. "한 집에 두 가장이 있을 수는 없으니 아내를 아내 자리에 있게 해야죠." '아내 자리'라는 말로 그는 아내가 순종적이고 의존적인 위치에 있어야 한다는 생각을 내비쳤다. 이런 가부장제의 부정적인 영향은 다른 곳에서도 많이 나타났다. 매일 이런 문제들을 겪다 보니 이 여성들은 무기력해지고 우울해진다. 그러므로 심리 상담이 절실히 필요하다. 의류공장 여성 노동자들은 수많은 심인성 질환과 심리적 반응을 보이고 있다.

「블루칼라 여성 노동자들에 대한 심리학적 연구」에서 사마라싱헤와 이스마일(Samarasinghe & Ismail, 2000)은 공장에서 일하는 여성들 사이에 흔한 심리적 증상으로 신경성 질환, 불안증, 우울증, 사회 기능 장애, 자살 충동, 약물 사용을 들었다. 이 연구는 일 때문에 이주한 여성과 공장 근처에 사는 여성 사이에 우울증의 정도 차가 있음을 보여주었다. 또한 일을 적게 할수록, 그리고 사회 활동에 많이 참여할수록 이런 증상이 훨씬 적게 나타났다. 여성 노동자들의 심리적 반응이 사는 곳과 생활 조건에 따라 크게 달라진다는 점이 흥미롭다. 사마라싱헤와 이스마일(Samarasinghe & Ismail, 2000)은 내가 다룬 것과 유사한 사례들을 분석했다. 즉, 광범위하게 나타나는 우울증과 불안증, 그리고 내가 상담한 내담자들에게서 많이 나타난 심인성 통증에 초점을 맞추었다. 이 연구에서는 위기 개입 서비스를 제공할 수 있도록 자유무역지구와 공단 안팎에 상담사의 수를 늘릴 것을 권고했다. 그리고 각 개인의 심리적 필요에 맞추기 위해 일대일 상담이 필요하다고 강조했다.

스리랑카 심리 상담의 현황

스리랑카에서는 수세기 동안 종교 기관에서 상담이 행해졌다. 그러나 '심리 상담'이라는 개념은 낯선 것이어서 결과적으로 사람들은 심리 상담에 대해 복잡한 감정을 갖게 되었다. 여성이 '공공 장소에 더러운 빨래를 너는 것'조차 금지된 사회에서 처음 본 낯선 이에게 매우 사적이고 은밀한 이야기를 한다는 것에 대해 사람들은 비웃음과 회의의 시선을 보냈다. 그러나 스리랑카에 쓰나미와 전쟁이 휩쓸고 지나간 후, 외상후 스트레스성 장애PTSD와 자살의 증가 같은 문제에 많은 관심이 쏠리게 되자 심리 상담가들이 늘어났다.

주로 아동개발·여성부, 복지부 같은 정부 부처에서 지역에서 일할 상담사를 고용한다. 그 밖에 국립아동보호기관National Child Protection Authority(http://www.childprotection.gov.lk)에도 상담사와 심리 사회적 개입 프로그램이 있다. 아시아재단Asia Foundation은 「아동개발·여성부 소속 상담사의 역량과 노동 경험」(2013)에 대한 연구를 실시했다. 이 연구는 스리랑카의 상담사들 분포가 고르지 않다는 점을 강조하면서, 모든 지역에 심리 상담이 필요함을 주장한다.

많은 NGO가 스리랑카에서 정신 건강과 복지를 증진하기 위해 노력하고 있다. 예를 들어, 도움이 필요한 여성Women in Need(http://winsl.net), 스리랑카 수미스라요Sri Lanka Sumithrayo(http://www.srilankasumithrayo.org),

담리비재단Damrivi Foundation(http://damrivi.net), 스리랑카가족계획 연합The Family Planning Association of Sri Lanka(http://www.fpasrilanka.org)은 여성 문제를 주로 다루는 단체들이다. 어떤 단체들은 텔레비전 프로그램 등 대중매체를 이용해 대중에게 상담을 소개한다. CCC(Courage용기, Compassion공감, Commitment헌신) 라인 1333은 전화로 상담사와 직접 이야기할 수 있는 상담 전화이다. 이것을 운영하는 CCC재단(http://cccfoundation.org.au)은 일반 대중에게 메시지를 효과적으로 전달하기 위해 매우 인기 있는 운동선수를 대변인으로 쓰고 있다. 여러 단체에 소속된 상담사도 많고 독립적으로 활동하는 상담사도 있다. 그들 중에는 무료로 또는 최소 비용만 받고 상담을 해주는 이들도 있지만, 개인 상담에 비싼 금액을 청구하는 이들도 있다. 높은 비용 때문에, 그리고 상담사 대부분이 수도인 콜롬보를 비롯한 도시 지역에 몰려 있다는 사실 때문에 상류층만 상담을 받을 수 있다. 스리랑카에서 심리 상담사라는 직업의 가장 큰 문제점은 관리 기관이 없다는 것이다. 그래서 상담사들에게 윤리적 틀을 제공하기도 힘들거니와 현역 상담사들이 적절한 교육 자질, 전문 자격을 갖추었는지 보장하기도 어렵다. 의류공장 노동자들도 NGO에서 하는 주요 프로그램을 이용할 수 있으며 많은 NGO가 공장을 방문해 세미나와 워크숍을 진행하기도 한다. 주제는 대개 단체 또는 고용주가 정하기 때문에 의류공장 여성 노동자들이 자신의 요구에 기초를 두는 개별 심리 상담을 많이 받지는 못하는 실정이다. 물론 심리 상담의 중요성을 깨닫고 노동자들에게 적절한 서비스를 주기 위해 상담사들을 초빙하는 고용주들도 있다.

개입: 상담사와 조직의 경험

여기에서는 의류공장에서 상담사로 일한 나의 경험과 의류공장 노동자들에게 상담 서비스를 제공하는 기관들의 경험을 토대로 실질적인 문제들을 논하고자 한다.

초창기 어려움

2010년, 내가 의류공장에 주력할 당시만 해도 심리 상담은 고용주와 노동자 모두에게 새로운 것이었다. 내가 맡은 공장에는 그때 천 명이 넘는 노동자가 있었고 나는 다른 지역에 흩어져 있는 4개의 공장을 담당하는 유일한 상담사였으며 공장마다 쟁점과 문제가 확연히 달랐다. 여성 공장 노동자를 돕기 위해, 나는 먼저 그들의 삶을 이해해야 했고 그들이 몸담고 있는 하위문화와 관련한 쟁점들에 대해 잘 알아야 했다. 더욱이 공장 경영진과 노동자들은 상담이나 상담의 이점에 대해 아는 바가 거의 없었다.

첫날, 하루 종일 한 명도 상담받으러 오지 않았다. 그래서 나는 작업 현장으로 가서 미싱을 돌리고 있는 그들에게 말을 걸었다. 상담과 내 역할에 대해 그들에게 알려주었다. 점심 시간에 그룹별로 여성들을 모아 상담에 대해 설명하고 그들이 직면한 여러 문제에 대해 이야기를 나눴다. 경영진의 도움으로, 노동자들이 새로 공장에 들어와 오리엔테이션을 받을 때 상담에 대해 소개할 수 있었다. 평균적으로 나는 하루에 6~7명의 내담자를 받았고 시간이 모자라 찾아온 여성들을 모두 상담하지 못한 적도 있었다.

심리 상담에 대해 알리기

상담에서 가장 중요한 것은 상담사가 지켜야 할 윤리와 내담자의 권리에 대한 이해이다. 상담 윤리에서 제일 중요한 점은 내담자의 비밀을 지켜주는 것이다. 뒷말이나 소문은 작업 현장에 쉽게 퍼지므로 노동자들은 자기 문제에 대해 말하기를 꺼렸고 편히 속마음을 털어놓지 못했다. 이들은 상담이 무엇인지 알고, 상담사가 완전 비밀 보장을 해준다는 것을 깨달으면 더 적극적이 되었다. 이에 덧붙여, 상담사는 언제나 이들의 말하고 스스로 결정할 권리를 존중한다는 것도 알 필요가 있다. 이걸 해라, 저걸 해라 명령받는 데만 익숙해진 이들에게 이는 새로운 개념이었다. 많은 이가 와서 "이런 문제가 있는데 뭘 해야 할지, 답 좀 주세요"라고 요청했다. 상담사로서 나의 의무는 이들이 각자에게 잘 맞는 답을 찾도록 돕고, 필요한 정보를 제공하며, 실천할 수 있게 힘을 북돋아 정신이 더 건강해지도록 하는 것이다.

상담 경험

남녀 모두 상담 서비스를 받았지만 노동자 대부분이 여성인지라 나를 찾아온 내담자들도 거의 여성이었다. 내가 접한 문제들은 크게 개인 문제, 직장 문제 두 종류로 나눌 수 있었다. 이 가운데 가정 폭력과 혼외임신 사례가 스리랑카의 사회적·법률적 제약 때문에 다루기 가장 힘들었다. 다음은 (비밀 유지를 위해 이름을 밝히지 않은) 한 내담자의 이야기이다.

이 여성은 29세로 남편은 열 살 연상이었다. 13세에 결혼해서 열한 살 된 딸과 네 살 된 아들이 있다. 남편은 결혼하자마자 때리기 시작했지만 가족의 허락 없이 이 남성과 도망친 것이었기 때문에 어쩔 수 없이 계속 같이 살았다. 남편은 일용직 노동자로 일했는데 술을 많이 마셨다. 그녀가 버는 고정 수입으로 다달이 나가는 지출을 감당했다. 남편이 때리는 이유는 직장에서 또는 퇴근길에 바람을 핀다는 억측 때문이었다. 직장을 관두겠다고 했지만 남편은 그러지도 못하게 했다. 그러고는 종종 공장 근처로 와서는 퇴근하는 그녀의 뒤를 밟으며 다른 남자와 말을 섞는지 살펴보았다. 동료나 이웃 남성이 그녀에게 말을 걸면, 남편은 공공 장소에서 그녀를 폭행했다. 그녀는 멍투성이인 다친 몸으로 와서 언제 어디서 무슨 이유로 또 남편이 폭력을 휘두를지 모르겠다고 말했다(사례 D, 29세, 스리랑카 아비사웰라, 2014).

이런 경우, 상담은 내담자가 자신을 표현하고 고통과 분노를 표출할 공간을 제공해줄 수 있다. 그다음으로, 장기간 가정 폭력을 당한 이는 심리적 장애가 있거나 자살 시도를 할 위험이 있다. 그러므로 상담사가 이런 증상을 발견하면 내담자에게 필요한 도움을 줄 수 있다. 무엇보다도 이런 처지에 놓은 이들은 '학습된 무력감learned helplessness'[3] 때문에 다른 선택을 하지 못한다. 상담사와 논의하고 치료를 진행하면서, 그녀는 사물을 보는 방식을 바꾸고 자신이 폭력을 당하지 않을 법적 권리가 있는 사람이라는 걸 알게 되었다. 상담사는 그녀에게 필요한 정보와 자원을 제공할 수 있고 그녀가 조치를 취하고자 하면 지원 시스템을 찾아줄 수 있다.

원치 않은 임신을 한 젊은 여성들은 선택의 여지가 없어서 낙태를 하지만 스리랑카에서는 낙태가 불법이기 때문에 안전하고 합법적으로 낙태를 할 수 있는 방법은 없다. 내담자 중 유부남과 관계를 가진 사례가 있었다. 임신이 되자 상대 남성은 아이를 가지지 못한 아내를 비롯해, 모든 친구에게 이 사실을 알렸다. 내담자는 상대 남성이 불임은 아내 탓이지 자신은 고자가 아니라는 사실을 세상에 알리기 위해 의도적으로 임신시켰다는 것을 나중에 알게 되었다(노동자 E, 21세, 스리랑카 아비사웰라, 2011). 이 내담자는 3개월이 지나서 임신 사실을 알게 되었지만 낙태하기

3 학습된 무력감이란 피하고 싶은 괴롭거나 불쾌한 자극들을 애써 견디는 정신 상태를 말한다. 이 상황을 통제할 수 없다는 것을 학습했기 때문에 피할 수 있는데도 자극을 피하지 못하거나 피하려고 하지 않게 된다.

에는 너무 늦었고, 시술하는 곳을 찾으려 해도 찾을 수 없었다. 상대 남성은 종적을 감췄고 그녀도 더는 그 남성과 만나고 싶지 않았다. 이 사례의 경우, 그녀에게 지원 수단을 찾아주는 것이 시급했다. 그러지 않으면 그녀는 자살을 시도할 수도 있었다. 그녀의 언니가 유일하게 말이 통하는 가족이었기 때문에 언니에게 이야기해서 의논 끝에 고향 마을로 돌아가기로 결정했다. 아이를 기를지 말지 결정하지 못하고 있을 때, 그녀에게 법적인 면, 입양, 산모 건강, 산전·산후 조리에 대한 정보를 제공하는 것이 필요했다. 결국 그녀는 아이를 기르기로 결심했지만 부도덕한 여자라 욕먹을 것이고 아이에게는 사생아라는 딱지가 붙을 것이기 때문에 앞으로 수많은 어려움을 겪어야 할 것이다.

많은 여성이 감염의 위험뿐만 아니라 죽음의 위험까지 무릅쓰고 불법 낙태 시술소로 간다. 내가 만난 내담자 중 한 명은 불법 낙태를 세 번이나 했고 통증과 출혈로 고생했다. 그녀는 자격증 있는 의사에게 가면 경찰에 신고할까 봐 두려워했다. 그녀의 동의를 받아, 나는 의사를 공장으로 불러 감염을 막는 데 필요한 의료 처치를 받을 수 있게 했다. 질병이나 임신을 예방하지 않는 성관계의 위험성과 피임 방법에 대해 이야기하는 집단 상담 시간을 가지기도 했다. 비디오나 그림 등은 내담자들이 더 쉽게 이해할 수 있게 도움을 주었고 생각을 바꾸는 데도 매우 효과적이었다.

내담자가 상담을 원하는 또 다른 분야는 법률 문제였다. 많은 여성이 이혼, 양육권, 이혼 수당을 두고 법정 소송 중이었다. 이런 소송은 몇 년을 끌기도 하는데 대부분의 경우 상대방이 법정에 나타나지 않는다. 한 내담자는 자신과 아이들을 버리고 다른 여자와 달아난 남편과 이혼 소송 중이었다. 그러나 남편은 법정에 나오지 않았고 남편 가족도 남편의 행방을 수소문하는 데 전혀 도움을 주지 않았다. 변호사는 계속 연기하기만 했고 그녀는 법률 용어를 몰라 변호사에게 질문을 하기 어려웠으며 절차에 대해서도 물어보지 못했다. 그녀는 인생이 앞뒤로 꽉 막힌 것만 같았다(노동자 F, 29세, 스리랑카 아비사웰라, 2011). 이런 경우, 상담사가 가진 네트워크와 인맥이 중요하다. 나는 법률 조언을 해줄 변호사를 그녀에게 연결시켜 주었다. 이렇게 해서 그녀는 소송 절차와 자신이 할 수 있는 법률적 선택들에 대해 알게 되었다. 재판일이 다가오자 그 내담자는 소송 준비에 도움을 받으려 상담을 요청했다. 이 상담에서는 소송 절차와 함께, 내담자 상황의 스트레스 요인들과 다른 생활 문제 관리에 중점을 두었다. 내담자는 수차례 포기하려 했다. 한번은 이렇게 말했다. "그만두고 싶다고 말하고 싶을 때가 많아요. 혹시 제가 그렇게 말하면 제가 왜 싸워야 하는지 선생님이 일깨워주세요. 제가 포기하지 못하게 말려주세요."

이 사례들은 내가 다루는 수많은 사례 중 극히 일부일 뿐이다. 해결 방법을 찾으러 오는 내담자들 대부분에게 내가 도움을 줄 수 있었지만 상담을 해도 자신에게 이로운 방향으로 변하지 못하는 내담자들도 있었다. 가정 폭력 피해 여성들 중에는 폭력을, 먹고 마시고 자는 것만큼이나 자연스러운 것, 삶의 일부로 받아들이는 이들이 많았다. 이런 관점을 바꾸는 데에는 시간이 걸린다. 변화에 대한 요구는 내담자에게서 나와야 하며, 상담사로서 올바른 결정을 할 수 있게 그들을 돕는 것이 나의 임무라 생각한다.

스리랑카에는 의류공장 여성 노동자들의 심리적 안녕을 도모하기 위해 노력하는 몇 개의 단체들이 있다. '도움이 필요한 여성Women In Need'은 법률 문제가 해결될 때까지 여성들이 머물 수 있는 임시 보호소가 있는 몇 안 되는 단체 중 하나이다. 의류공장 노동자들을 위해 이 단체가 현재 펼치고 있는 주요 사업으로 여성 공장 노동자들에게 상담을 소개하는 워크숍과 세미나가 있으며 법률 문제, 스트레스 조절, 분노 조절에 대한 워크숍도 개최하고 있다. 전에 이 단체는 오전 7시부터 오후 5시까지 고용주들이 요청하면 개인 상담을 했으며 상담 서비스를 요청한 이가 고용주일지라도 내담자의 비밀 보장 같은 윤리를 지키는 데 힘을 쏟았다. 그러나 현재는 의식을 높이는 데 주력하고 있다. 경험 많은 한 상담사에 따르면, 이들이 직면한 가장 큰 문제는 사회에서 가장 중요한 표적 집단target group인 어린이들에게 다가가지 못하는 점이다. 성인이 되어 겪게 되는 많은 문제는 어릴 때 정보와 관심을 받았다면 피할 수도 있다는 것이다. 그 상담사는 사회의 태도 변화가 의류공장 여성 노동자들이 겪는 문제들을 줄이는 데 중요하다고 보았다(N. Patabandige, 개인적 대화, 2014년 11월 26일).

여성센터Women's Centre(http://www.womenscentresrilanka.org)는 자유무역지구에서 의류공장 여성 노동자들을 대상으로 활동하는 단체이다. 이들은 스트레스 조절과 젠더에 기반한 폭력 같은 주제의 워크숍을 연다. 여성센터는 여성들에게 메시지를 전달하기 위해 '거리 공연' 같은 새로운 방법도 시도한다. 2013년도에 이들은 자유무역지구에서 일하는 여성들이 당하는 성희롱에 대해 조사했다. '다빈두Dabindu[4] 공동체'는 여성 노동자들의 의식을 높이고 여성 노동자들을 위한 법률 자문과 상담을 제공하는 여성단체이다. 여성센터와 다빈두 공동체는 자유무역지구 가까이에 있으므로 여성들에게 이와 같은 서비스를 제공하는 데 용이하다. 이 단체들은 법 개정을 위한 로비뿐만 아니라 사회의 태도를 바꿈으로써 의류공장 여성 노동자들의 상황을 개선하기 위해 적극적으로 노력하고 있다.

4 다빈두는 '땀방울'이라는 뜻이다.

결론

여러 공장에서 대규모 정신 건강 복지 프로그램을 실시한다 해도, 여성 공장 노동자들이 일대일 개인 상담을 할 수 있는 기회는 제한적이다. 그러므로 공장들은 상담 서비스를 도입해야 할 필요가 있다. 상담사로서 우리는 내담자들에게 더 좋은 서비스를 제공하기 위해 공동 의뢰 방식을 만들어 경찰, 변호사, 의료인 등과 함께 일할 수 있으며, 그렇게 함으로써 서로 지식과 좋은 경험을 나눌 수 있게 될 것이다. 더 나아가 스리랑카에 심리 상담 관리 기관이 생기면, 상담사와 내담자 모두 상담 윤리를 지키는 데 도움이 될 것이고 내담자의 권리를 보장할 수도 있을 것이다.

또한 정부 기관과 잘 협력하면, 자유무역지구 같은 지역에 상담사들이 진출하고 더 많은 여성 공장 노동자들과 만나기가 쉬워질 것이다. 상담사는 다양한 스트레스를 받으며 사는 의류공장 노동자들의 회복력을 기르는 데 초점을 맞추어야 한다. 이 글에서 볼 수 있듯이, 상담은 여성들의 삶을 개선하는 데 필요한 정보와 다른 도구를 갖추게 한다. 앞으로 나의 계획은 의류공장 여성 노동자들이 심리 상담 같은 지원 서비스를 받을 수 있도록 해서 그들이 정신 건강과 행복을 추구할 수 있게 만드는 것이다.

참고 문헌

Ambagahawatta, R. (2002), "Women workers and the garment industry in Sri Lanka," *Moot Point-Legal Review*, 16: 14-21.

Ariyarathne, T., G. Lokuge, N. Najab, & P. Fernando (2012), "The vulnerability of women in the economy," *Issue on Female Participation in the Economy, 38*. Retrieved from http://www.cepa.lk/uploads/4bae1bc28cb6cbe73a08a2bf084b8fa3-120830-ER-The-vulnerability-of-women-in-the-economy---CEPA.pdf

Good Practice Group (2013), *Capacity and Work Experiences of Counselling Assistants attached to The Ministry of Children's Development and Women's Affairs*. Unpublished work commissioned by The Asia Foundation.

Hancock, P., S. Middleton, J. Moore, & I. Edirisinghe (2011), *Gender, Status and Empowerment : A study among women who work in Sri Lanka's Export Processing Zones (EPZs)*. Colombo: CENWOR.

Phelan, P. (1993), *Unmarked: The politics of performance*. London & New York: Routledge.

Ramlani, P. (2013), *Nidahas welanda kalaapa kamkaru sthriinta siduwana lingika athawara: samiikshana adhyanaya* [A research study on sexual harassments face by women working in Frees Trade Zones]. Jae la: Women's Centre.

Samarasinghe, G. & C. Ismail (2000), *A psychological study of blue collar female workers*. Colombo: Women's Education and Research Centre. Retrieved from http://noolaham.net/project/11/1080/1080.pdf

Women Working Worldwide (n.d.), Past partners-Dabindu Collective, Sri Lanka. Retrieved from http://www.women-ww.org/index.php?option=com_content&view=article&id=50&Itemid=28&limitstart=9

6 막다른 그곳, 인도네시아 야자유 플랜테이션

레나타 산디 리브라서란

개요

인도네시아에 야자유 플랜테이션(대규모 기업농장)이 생긴 지 백 년이 지났지만, 특히 산업 노동자들에 비하면 이 곳 노동자들의 삶은 크게 달라진 것이 없다. 식민지 시대부터, 재배 회사들은 노동자들에게 과중한 작업량을 부과하고 전횡을 일삼았으며 부당한 임금 체계를 강요하기도 했다. 이러한 관행은 사회적 갈등과 환경 문제를 야기하고 플랜테이션 노동자들을 더욱더 가난하게 만들고 있다. 정부는 플랜테이션 노동자들을 보호하기 위한 법을 집행하지 않아서 관행을 지속시키는 결과를 낳았다. 이는 여성과 아동의 삶에도 부정적인 영향을 준다. 가난이 대물림되어 노동자의 자녀도 플랜테이션에서 일할 수밖에 없게 된다. 플랜테이션 노동자들의 복지 문제를 제기해 그들이 노동자로서 그리고 인간으로서 권리를 누릴 수 있도록 해야 한다.

서론

인도네시아 야자유(팜유) 플랜테이션 노동자들은 천만 명이 넘는 것으로 추정된다(OPPUK, 2014). 야자유 플랜테이션은 수마트라 섬 서쪽 끝에서 파푸아의 동쪽 끝에 이르기까지 전국에 걸쳐 있으며 그 면적은 1,300

만 헥타르에 달한다. 플랜테이션은 전국에 걸쳐 있을 뿐 아니라 작은 섬들에도 있다. 현재 우리가 시장에서 구입하는 상품들 중 매우 많은 것이 야자유를 함유하고 있다. 식료품, 비누, 세제에서 화장품과 바이오 연료에 이르기까지, 온갖 제품에 야자유가 들어간다. 그에 따라 인도네시아는 2013년까지 202만 톤의 야자유 원유를 팔아 미화 191억 달러의 수익을 얻었다(CPO). 야자유의 다양한 쓰임새가 세상에 널리 알려지게 된 데다, 야자유 플랜테이션 1헥타르는 다른 대표적인 오일시드oil seed 작물에 비해 12배 이상의 기름을 생산할 수 있다. 수익만 증가한 것이 아니라 사회적 갈등(노동자와 농민 간의)도 커졌다. 노동자와 농민 편에 선 규정이 없다 보니 법적인 방안을 모색할 수도 없다. 회사 측으로부터 돈을 받은 경찰과 군대는 시민 운동을 하는 노동자와 농민을 범죄자로 만들었다. 농민들이 토지 문제로 회사 측과 분쟁이 생기면, 노동자들은 회사 편을 들었다. 토지 반환 요구는 농민들이 자기 땅을 되찾기 위한 마지막 선택이다. 야자유 플랜테이션이 팽창하면서 농민들은 생계 작물을 재배할 수 없어 점점 더 가난해졌다. 플랜테이션의 팽창으로 소규모 토지를 소유한 농민들도 가난해졌다. 소규모 농사라도 지으려면, 헥타르당 50,000루피아(미화 4달러)의 가격으로 7헥타르의 땅을 양도해야 한다. 그러면 회사는 2헥타르의 땅을 내주고 15.5% 이율로 헥타르당 17,783,000루피아(미화 1,500달러)의 대출을 해준다. 이렇게 해서 농민들이 회사에 빚을 지게 되는 것이다.

노동자들이 증가해도 플랜테이션의 생활 여건과 노동 조건은 나아지지 않았다. 회사는 주로 시골 마을의 가난한 이들을 노동자로 고용한다. 저학력의 젊은이들은 돈을 벌기 위해 이 고용 제안을 쉽사리 받아들인다. 취업 알선업자들은 거짓 정보가 담긴 선전으로 십대들을 꼬드겨서 플랜테이션 고용 계약서에 서명하도록 한다. 니아스Nias 섬 출신인 부디는 더 나은 삶을 살겠다는 꿈을 안고 이 일을 택했다고 한다. 한 동네의 다른 십대들과 함께 배를 타고 리아우Riau 섬으로 가, 고용 계약서에 서명을 하고 나서야 계약서 내용이 알선업자가 약속한 것과는 완전히 다르다는 것을 알았다. 그러나 다시 니아스 섬으로 돌아갈 여비가 없었기 때문에 계약을 무를 수가 없었다. 모두 리아우에 모인 다음 칼리만탄Kalimantan으로 배를 타고 떠났다. 부디는 운전사로 일하는 것으로 알고 계약서에 서명했지만 농장 일꾼으로 일해야 했다. 그는 40명의 다른 노동자들과 함께 한 집에서 살았다. 관리인은 저녁 10시부터 새벽 4시까지 숙소 문을 잠갔다. 전기도 변기도 사용할 수 없어서 숙소 안에서 용변을 봐야 했다. 매일 소금에 절인 생선이 식사로 나왔다. 월급날이 되어도 회사는 교통비, 식대, 숙박비 같은 비용으로 다 들어갔다며 월급을 한푼도 주지 않았다. 그래서 2년이 다 되도록 월급을 못 받아봤다. 대부분의 노동자는 이 지역이 낯설어 그냥 주저앉았지만 부디를 비롯한 몇몇은 탈출을 시도했다. 부디의 이야기를 통해 고용주가 노동자들을 착취해 이윤을 얻는다는 것을 알 수 있다.

플랜테이션은 심각한 환경 문제도 야기한다. 가장 손쉽고도 저렴한 농지 정리, 개간 방법이 산불을 내는 것이어서 그로 인한 연기와 연무가 심각한 대기오염을 일으킨다. 싱가포르와 말레이시아 등 인접 국가 정부가 이에 대해 항의를 했는데도, 인도네시아 정부는 아직도 이 문제를 해결하지 못하고 있다. 지속 가능한 야자유협의회The Roundtable on Sustainable Palm Oil(야자유 산업의 다양한 이해관계자들이 모여 설립한 기구. 생태계에 피해를 주지 않으면서 생산되었는지를 확인하기 위한 인증 제도를 시행한다) 웹사이트(www.rspo.org) 정보에 의하면 플랜테이션에서 확산되는 환경 유해 요소가 있지만 아무도 이 문제로 처벌받지 않았다는 것을 보여준다. 인도네시아 정부는 산불을 내는 사람들을 구속하지도 못하고 있어 연기는 해마다 발생하는 재난이 되어버렸다.

야자유 플랜테이션이 고용주에게 큰 이윤을 안겨주었으니 정부는 노동자, 농민의 삶에 긍정적인 영향을 주어야 한다. 1945년 인도네시아 공화국 헌법 33조는 "천연 자원뿐만 아니라 땅과 물도 국민의 최대 이익을 위해 정부가 통제해서 이용해야 한다."고 명시하고 있다. 그러나 기득권자들의 부패와 공모는 이 정책의 실행을 어렵게 만든다.

노동 조건

인도네시아에 야자유 플랜테이션이 생겨나 성장을 거듭한 지도 백 년이 지났는데, 이 곳 노동자들은 여전히 풍족한 삶을 누리지 못한다. 대부분의 노동자는 제대로 된 위생 시설도 없는 낡고 더러운 판잣집에서 생활한다. 여성 두 명이 타파눌리Tapanuli 남쪽 강에서 목욕하고 빨래를 하다 악어의 습격을 받기도 했다. 칼리만탄 노동자들은 매일 도랑물로 목욕을 한다.

야자유 플랜테이션의 급격한 팽창 뒤에는 인도네시아 정부가 있다. 2005년 수실로 밤방 유도요노Susilo Bambang Yudhoyono 대통령은 칼리만탄Kalimantan의 180만 헥타르에 달하는 부지에 해외 투자를 받아 야자유 재배를 확장하겠다는 계획을 발표했다. 야자유 플랜테이션 건설 부양을 위한 이러한 노력은 국가 발전에서 노동자와 농민의 삶을 중요하게 여기지 않음을 보여준다. 정부는 야자유 플랜테이션의 부정적 영향을 국내외에 알리는 캠페인을 인도네시아 야자유 생산을 방해하는 것으로 간주했다.

회사와 정부는 노동자들의 인권을 무시해 왔다. 적절한 의료 시설의 부족과 영양가 있는 음식을 섭취할 수 없다는 것이 플랜테이션의 공통된 문제점이다. 노동자와 그 가족들은 대개 카사바 이파리와 인스턴트 라면을 먹는다. 라면 한 봉지를 물을 넉넉히 넣고 끓이면 온 가족이 먹을 수 있다. 그러나 정부는, 플랜테이션 물가가 다른 곳보다 비싼데도 법률이 요구한 최저 임금보다도 낮은 임금을 지불한 수마트라 플랜테이션 회사 협력기구Baden Kerja Samma Perusahaan Perkebunan Sumatera를 처벌할 수 없었다. 그러니 노동자들은 자녀에게 고등교육을 시킬 수가 없다.

플랜테이션의 또 다른 문제는 고용 불안이다. 승진은 대개의 경우 관리직의 기분에 달려 있고 정규직은 뽑지도 않는다. 고용 형태는 계약직, 일용직, 정규직, 이렇게 세 가지가 있다. 계약직은 고용 담당자(예를 들면 현장 감독, 조수, 마을 지도자)를 통해 취직한 이들이다. 일용직은 계약직과 유사하지만 매달 일자리를 다시 찾아야만 한다. 계약직과 일용직 모두 아무 혜택 없이 일당만 받는다. 수년간 이렇게 해왔으므로 그 어떤 노동자도 정규직을 달라는 말을 꺼내지 못한다. 좀 더 나은 처우을 받는 정규직 노동자는 임금뿐만 아니라 의료보험, 쌀, 전기, 종교 활동을 위한 수당 같은 혜택도 받는다.

플랜테이션에서 여성의 역할

플랜테이션에 있는 여성단체는 여성 노동자들, 남성 노동자의 아내와 딸들로 구성된다. 그들은 집안일도 하고 남편의 일도 도와야 하기 때문에 서로 담소를 나누거나 친목을 도모할 수 있는 시간이 거의 없다. 그러나 일주일에 한 번, 위리드*Wirid*라는 여성들의 종교모임에 모여 한 시간 정도 얘기를 나눌 수 있다. 매일 여성들은 새벽 4시부터 일하기 시작해 가족 모두가 잠든 다음에야 끝마친다. 술라웨시Sulawesi에서는 회사가 깨끗한 물을 공급하지 않아서 여성들이 물을 받기 위해 자정까지 깨어 있어야 한다. 아이들의 행동, 학교 성적까지 책임져야 하는 여성들은 플랜테이션에서도 중요한 역할을 한다. 여성들은 비료 처리, 나무 다듬기, 살충제 뿌리기, 열매 따기, 밭 정리, 비료 봉지 모으기 등 다양한 일을 한다. 이들은 한 달 내내 회사가 시키는 대로 이 일, 저 일을 하는데 이 모습은 남성들이 일하는 것과는 사뭇 다르다. 그리고 회사는 이를 여성 노동자를 정규직으로 승진시키지 않는 구실로 이용한다.

현장 감독이 여성에게 작업을 지시할 때는 매우 무례하게 말한다. 현장 감독이 누군가의 이름을 부른면 그것은 뭔가 잘못된 것을 발견했다는 뜻이므로, 여성 노동자들은 그의 큰 목소리를 들을 때마다 깜짝깜짝 놀란다. 고용하거나 해고할 권한이 있는 현장 감독은 직장 안팎에서 노동자들에게 맘대로 한다. 예를 들면, 북수마트라 주의 한 여성 노동자는 도랑에 뛰어들어야 했는데 그 이유는 현장 감독이 도랑 건너편에 살충제를 뿌리라고 했기 때문이었다. 도랑 폭이 2미터나 되어서 반대쪽으로 뛰어넘어갈 수 없었다. 어쩔 수 없이 그녀는 풀과 폐수로 가득 찬 도랑에 들어갔다. 현장 감독은 도움을 주기는커녕, 이 모습을 보고 웃고는 다른 여성 노동자들에게 그녀가 나올 수 있게 도우라 했다.

여성 노동자들은 대부분 자궁 탈출증(자궁이 질이나 질 밖으로 빠지는 증상)이 있다. 이 병의 원인 중 하나가 과도하게 무거운 물건을 들어 올리는 것이다. 여성 노동자들은 약 90킬로그램의 비료를 들어 옮겨야 한다. 이것을 다시 20킬로그램짜리 자루에 나눠 담은 다음, 자루를 앞에 매고 뿌린다. 여성들은 집에서뿐만 아니라 작업장에서도 매일 열심히 일한다. 자궁이 흘러내리지 않게, 페타이어나 스카프로 배를 동여매는 이들도 있다. 여성들은 이 일이 자신의 생식 기관에 해롭다는 것을 모르는 채로 몇 년씩이나 계속 일을 한다. 그 지역 사람들은 이 증상은 여성이 자기 몸을 돌보지 않은 탓이라고 여긴다. 게다가 회사는 일 년에 한 번 이들에게서

수확량 달성을 위해 떨어진 과일을 줍고 있는 여성

남편을 도와 과일을 수확하는 여성

혈액 샘플을 채취하지만 그 결과를 통보받은 이는 아무도 없다. 일하기를 거부하면 나중에 다시 일자리를 찾을 수 없으므로 그러지도 못한다. 회사가 일하게 해주는 한, 여성들은 그 결과에 대해 문제삼지 말아야 한다. 한편 칼리만탄에서 야자수를 돌보며 농장에서 일하는 여성들은 또 다른 어려움을 겪고 있다. 그늘도 없는 뙤약볕에서 하루에 7시간 넘게 묘목밭에서 일하다 화상을 입는다. 이들은 건강을 돌볼 겨를도 없이 힘든 조건에서 장시간 노동을 하고 있다.

여성 노동자들은 플랜테이션에서 중요한 역할을 하는데도 그에 걸맞은 정당한 대우를 받지 못한다. 이들은 노동조합과 NGO에서도 무시를 당한다. 남성이 여성을 부양한다고 여기기 때문에 플랜테이션 노동조합에서 여성 조합원의 수는 1%에도 못 미친다. 이런 사고 방식은 무엇보다 여성들이 노동권이나 인권에 대해 교육받을 기회를 차단한다. 대부분의 남성 노동자는 아내가 이 문제에 대한 토론회에 참석하고 싶다 하면, 아이들을 데리고 다니기 힘들 것이라는 이유로 반대한다. 남성들은 아이들

플랜테이션 내 주거 시설

열악한 화장실 시설

을 돌볼 줄 모르므로 아내가 모임에 참여하는 동안 아이들을 봐주려고 하지도 않는다.

여성이 플랜테이션과 지역 사회의 규율에 따른다고 해서 여성이 혜택을 받는 것도 아니다. 지역 사회에 뿌리내리고 있는 가부장제 문화가 여성의 역할과 책임을 규정한다. 한 예로, 한 노동조합 지도자는 아내가 노동조합에 가입해서 자신과 동료들의 권리를 찾고 싶다고 했을 때 우려를 표했다. 결국 그는 아내의 가입을 허용하지 않았으며 회사는 그녀의 오만방자함을 이유로 다시는 고용하지 않았다. 여성 노동자들은 노동조합의 보호를 받지 못하니 플랜테이션에 빈 자리가 생겨도 일을 할 수가 없다. 다음 사례에서 볼 수 있듯이, 남녀 역할의 차이는 여성이 플랜테이션 위계 서열의 제일 밑바닥에 놓이게 한다.

사례 1: 조수를 안 하려면 일하지도 말라

에르나는 사무실 아침 조회에 갔다. 다른 노동자들과 함께, 그날 작업에 관한 지시 사항을 들었다. 잠시 후, 출근부에 서명하고 그녀가 업무를 할당받을 차례가 되었다. 그러나 현장 감독은 그녀의 남편이 그날 '컬넷(조수)'을 구하지 못했다며 그녀에게 일을 주지 않았다. 긴 말다툼이 있었지만, 그녀는 결국 남편을 보조하러 들판으로 나가야 했다.

사례 2: 남성처럼 일하고 행동하되 남성만큼 임금을 받고 대우받을 수는 없다

매일 아침, 네게리 라마의 여성 노동자들은 플랜테이션으로 데려다 줄 트럭을 기다린다. 여성들은 연장을 들고 힘차게 트럭에 올라탄다. 먼지가 풀풀 나는 길을 따라, 인도네시아의 큰 플랜테이션 회사로 간다. 그곳에서 수년간 일했지만 정작 노동자의 권리에 대해서는 아는 바가 없다. 이들은 노동권 따위는 개의치 않는 회사 감독관 밑에서 일한다. 노동자들은 일당 53,000루피아(미화 4.5달러)를 받는다. 노동자들은 하루 작업 목표량을 지속적으로 얼마나 달성했는가에 따라 2주에 한 번 임금을 받는다. 연장은 노동자들이 직접 가지고 와야 하며, 교통비(하루 10,000루피아 또는 미화 1달러)와 다른 용품비도 내야 한다. 회사는 1년에 한 번 안전 마스크를 지급할 뿐이다. 일용직 노동자들은 아무 혜택도 받지 못한다. 15년 넘게 일한 여성들에 따르면, 회사가 설탕과 옷을 주고 교통편으로 트럭을 제공한 적이 있지만 그것도 몇 년 전에 다 끊겼다.

2014년 3월, 새로 시작한 '지속 가능한 야자유 원탁회의'의 한 토론에서, 우리는 이 원탁회의의 원칙과 규준 그 어느 것도 여성의 노동에 대해 말하고 있지 않음을 발견했다. 그런데도 지속 가능한 야자유 원탁회의는 이 회사에 인증서를 발급했다. 감사관이 현장을 방문할 때면, 현장 감독은 대개 노동자들 보고 숨어 있으라고 하거나 안전 규정을 준수한다는 것을 보여주기 위해 플랜테이션에 의무 안전 장비를 전시해 놓기도 했다. 이 인증 과정에 노동자 대표나 노동조합은 참여하지 못했으므로 노동자들의 삶에 그 어떤 영향도 주지 못했다.

플랜테이션에서 노동권에 대한 적절한 교육이 이루어지지 않기 때문에 노동 착취는 빈번하게 발생한다. 노동조합이 있다고 해도, 여성 노동자들과는 교류가 없으니 여성들은 조합의 중요성을 알지 못한다. 따라서 노동조합 모임을 통한 교육의 기회도 가질 수 없다. 제대로 교육받지 못하니 권리를 추구할 수 있는 방법을 알지 못하고, 그렇게 해서 여성들은 착취하기 좋은 만만한 대상이 된다. 대부분의 여성 노동자는 승진 기회도 없이, 임시직으로 계속 일한다.

회사는 노동조합의 성장과 역할에 한계를 그어 놓았다. 조합이 있지만 협상력은 없다. 조합원의 대다수가 남성 노동자여서 노동조합은 여성들의 삶에 거의 관심을 두지 않는다. 남성 활동가들도 가부장제 문화의 영향을 받아 여성들의 삶에는 거의 관여하지 않으며 노동조합의 여성 조합원 모집도 장려하지 않는다. 남성 노동자들이 토론을 할 때면, 여성들은 부엌에서 다과를 준비하느라 바빠 참여하지 못한다.

결론

결론적으로, 야자유 플랜테이션은 착취와 억압을 통해 식민지 문화를 지속시킨다. 빈곤화는 노동자들과 여성들을 통제할 수 있는 효과적인 도구이다. 회사는 플랜테이션 밖에서의 노동자들의 독립성을 박탈하기 위해 의도적으로 빚을 지게 만든다. 정부가 야자유 플랜테이션의 실질적 노예 관행을 방치하는 동안 인권 유린이 빈번히 발생했다.

플랜테이션의 억압은 여성들의 삶에도 영향을 미치고 있다. 여성들은 자신뿐만 아니라 가족도 필요한 교육, 의료, 풍족한 삶을 제대로 누리지 못하고 있다. 지역 사회 조직에서도 여성들은 거의 자리를 맡지 못하니 지역 사회 문제에서도 목소리를 낼 수가 없다. 설사 이들이 자신의 생각을 말할 수 있다 해도 그것은 반항으로 받아들여진다.

기초적인 단계에서 변화를 만들어 내려면, 노동조합이 여성의 인권을 논의해야 하며, 여성 노동자들이 회사의 부당한 처우를 기록하게끔 해야 한다. 여성의 인권을 꼭 다루어야 한다는 것을 깨닫게 하기 위해, 남성 활동가들이 젠더 평등 문제에 민감해지게 만드는 것도 시급하다. 그리고 여성들이 여성의 권리와 노동권에 관한 정보를 접할 수 있어야 한다. 플랜테이션 여성들이 평등한 기회를 가지려면, 이러한 것들을 수용하고 다 함께 노력해야 한다. 정부는 여성의 발전을 지원하는 법규 명령을 만들고 시행해야 하며, 회사가 그것을 따르도록 압력을 행사해야 한다.

인도네시아에서 가장 오래된 운동인 플랜테이션 노동 운동은 신질서(New Order, 수하르토 대통령의 통치 시기인 1965년부터 1998년을 일컫는다) 때는 금지된 것이었다. 억압적인 시대에는 노동자들의 상황을 개선시킨다는 생각 자체가 거의 불가능했다. 이러한 생각을 다시 운동으로 전환시키기 위해서는 많은 노력과 고민이 필요하다. 노동 운동은 노동자들뿐만 아니라 더 크게는 이 나라에도 변화를 가져올 것이기 때문이다. 최근 들어, 몇몇 학자가 노동 문제에 관심을 갖기 시작했으나 이 문제는 늘 공산주의와 연결되므로 활발한 연구를 기대하기 어렵다. 공산주의는 인도네시아에서 금지된 것이기 때문이다. 그래서 인도네시아가 세계에서 가장 큰 야자유 생산 시스템 현장인데도 인도네시아에는 플랜테이션 노동자들에 대한 세부적인 기록이 그리 많지 않다. 앞으로 야자유에 대한 세계적 요구는 증가할 테지만 우리는 모두에게 긍정적인 영향을 주기 위해 더 많은 노력을 해야 한다.

참고 문헌

OPPUK (Organization to Strengthen Community Struggle) (2014), "Penguatan Buruh Perkebunan Kelapa Sawit melalui Pembentukan Kelompok Diskusi di wilayah Tapanuli bagian Selatan (Strengthening Oil Palm Plantation by

Forming Discussion Group in South Tapanuli)," unpublished proposal presented at Palm Oil Fair Labor Workshop in Kuala Lumpur, November 14-15.

RSPO (Roundtable on Sustainable Palm Oil) (2014), "Indonesia: National Interpretation Public Consultations," retrieved from http://www.rspo.org/certification/new-planting-procedures/public-consultations/indonesia-national-interpretation-public-consultation on 24 February 2014.

7 무력 분쟁과 여성의 행위주체성: 파키스탄 스와트 사례

레하나 와가

개요

여성은 대개 무력 분쟁의 무기력한 피해자로 그려진다. 여성을 무기력한 피해자로 그리거나 전통적인 여성으로 본질화시키는 것은 여성의 정체성에 매우 부정적인 영향을 주며, 여성을 주체적 행위자agency로 보는 시각을 제한한다. 민족 분규와 내전의 상황에서 여성들이 보여준 힘과 용기는 충분히 인정받지 못하며, 여성의 역할과 목소리도 감춰지고 지워졌다. 그 결과, 여성들은 앞날을 결정하는 자리에 끼지 못하고 중요한 결정에서 아무 역할도 하지 못하고 있다. 이 글은 이슬람 극단주의 세력이 파키스탄 스와트 지역을 점령한 상황에서 여성의 행위주체성을 되살리는 것을 그 목적으로 한다.

서론

무력 분쟁과 전쟁 시의 여성의 역할을 다룬 연구들이 늘어나고 있다. 그중 많은 연구가 다학문적 접근을 하며, 여성 전투원, 전쟁 무기로 활용되는 강간, 정신적·신체적 영향, 이주와 정착, 난민촌 여성, 젠더 역할의 변화 등 다양한 쟁점들을 포괄하고 있다. 전쟁과 무력 분쟁이 여성의 삶에 미치는 영향을 연구한 사람들은 여러 분과 학문에 속해 있지만 크게 두 부류로 나눌 수 있다. 한편에서는 전쟁이 여성의 해방과 자유에 긍정적으로 기여한다고 주장한다. 아서 마윅(Arthur Marwick, 1977)의 「전시 여성: 1914-1918년Women at War 1914-1918」이 그 대표적인 예로, 영국 사회에서 전쟁은 여성의 공적 영역 참여를 늘려 가정에만 묶여 있던 속박과 예속으로부터 벗어날 수 있는 역사적인 기회를 제공했다고 주장한다(Marwick et al., 2001). 이 논문에 따르면, 전쟁이나 그 비슷한 위기로 인한 변화 과정은 네 가지 국면을 수반하는데 그것은 분열, 기존 제도의 검토, 이전에 소외되었던 집단의 전쟁 참여 증가, 다양한 심리적 경험이다. 이 네 국면이 만들어 내는 상황들은 여성이 전통적인 역할에서 벗어나 공적 영역으로 들어가기 쉽게 하고 그것은 여성의 지위 향상으로 이어진다. 다른 많은 역사학, 경제학, 사회학 연구들도 전쟁과 무력 분쟁이 여성의 사회적 지위와 위치에 긍정적인 기여를 했다는 이 주장을 뒷받침한다. 예를 들어, 마거릿 골드스미스Margaret Goldsmith는 전쟁이 여성들과 여성 해방을 위한 일종의 혁명적 상황을 만들어 냈다고 주장한다(Goldsmith, 1943).

전쟁과 대규모 국내 분쟁이 여성에게 유리한 변화 가능성을 제공한다는 가설에 동의하지 않는 연구자들도 있다. 이들은 전쟁, 폭력, 국내 분쟁이 여성에게 미치는 파괴적인 영향, 즉 치안 불안, 가족 해체, 노동 부담의 증가, 강간, 강제 이주, 여성이 가장 역할을 해야 하는 문제 등은 대다수 여성이 전쟁으로 겪게 되는 부정적인 일들이다. 그런데 두 관점 모두 전쟁, 정치적 갈등과 폭력이 발생할 때 여성들이 능동적인 행위주체성을 발휘한다는 것을 제대로 인식하지 못하고 있다. 첫 번째 관점은 전쟁과 분쟁이 야기한 변화의 객관적 조건만을 높이 평가한다. 반면, 두 번째 관점은 여성의 주체적 역할을 고려하지 않고 무기력한 희생자의 이미지만 끌어내 부각시킨다. 전쟁, 국내 분쟁, 대규모 폭력 사태에서 여성들이 발휘하는 행위주체성에 초점을 맞추는 관점이나 연구는 아직 없다. 이 글은 파키스탄 북서부 국경 지대에 위치한 스와트Swat[1] 지역을 탈레반이 점령했던 때와 무력 분쟁이라는 특정한 상황에 초점을 맞추어 전쟁, 폭력과 여성의 행위주체성을 살펴보고자 한다.

탈레반의 스와트 점령, 내전, 여성 폭력

이슬람 극단주의 세력의 스와트 점령에는 복잡한 양상이 포함되어 있었다. 대외적인 요인을 보면 아프가니스탄의 탈레반을 적극 지원하는 정책에 그 뿌리가 있었다. 그러니 아프가니스탄에서 탈레반이 지배를 확립한 후, 스와트에서 샤리아Sharia(이슬람 율법)를 강화하기 위한 움직임이 정치적 중요성을 갖게 된 것이다. 스와트는 지정학적 위치 때문에 이슬람 운동 초기에 그 운동에 매우 유한 태도를 취할 수밖에 없었다. 그런데 내부적 요인을 보면, 이슬람 운동의 발단은 1969년 스와트가 파키스탄에 합병된 후 점점 확대된 사회적 위기, 사법 제도의 위기, 그 뒤를 이은 정치적 공백으로 거슬러 올라간다. 이 시기에 서로 양립할 수 없는 모순된

---

1 스와트는 파키스탄 카이베르파크툰크와 주州의 북서 지역이다. 예전에 이 지역은 불교와 간다라 문명의 중심지 중 하나였다. 15세기에 아프가니스칸에서 온 유세프자이 파슈툰인들이 스와트 계곡을 점령하고 다른 부족들과 함께 그곳에 정착했다. 이슬람교도들이 이곳을 정복한 후, 대다수 원주민은 이슬람으로 개종했다. 막강한 두 제국, 즉 무굴과 영국이 그 주변을 지배할 때, 이 지역은 내부적으로 정치적 자율성을 유지했다. 19세기에는 카리스마 있는 종교 지도자들의 주도로 영국의 식민 지배에 맞서는 수많은 저항 운동이 있었다. 1915년 한 종교인 집안이 지방 왕조 국가를 세웠으며, 1969년 파키스탄으로 통합되기 전까지는 독자적인 지위를 유지했다. 1990년대 초반 이 지역에는 샤리아를 강화하는 정치 종교 운동이 번졌으며 이 운동은 탈레반이 벌이는 전투와 아프가니스탄과 파키스탄에 빈번한 테러와의 전쟁으로 변했다.

폭탄 공격으로 무너진 스와트의 여학교

사법 체계가 동시에 세 개나 존재했다는 사실로 이 위기의 본질과 규모를 짐작할 수 있다.

스와트가 파키스탄에 합병되자 주 직할 부족 지역PATA을 위해 제정된 특별한 법규의 적용을 받게 되었다. 사실상 이것은 전통적인 '지르가jirga' 제도[2]와 스와트 정부가 부여한 관료주의적 사법권의 합작품이었다. 1994년, 고등법원은 스와트 지역에도 일반 형법과 그 외 법률을 똑같이 적용할 것을 명했다. 당시 이슬람 운동이 새롭게 만들어지면서 샤리아의 강화를 요구하고 있었기 때문에 이 같은 고등법원의 명령은 이슬람 운동의 격렬한 반대에 부딪혔다. 그 결과, 어떤 영역에서는 샤리아가 적용되도록 법률이 일부 개정되었다. 2005년 이슬람 과격 단체는 다시 정치적·군사적 권력을 쟁취하고 스와트 계곡의 80% 넘는 곳에 이슬람 법정

2 '지르가'는 파키스탄의 파슈툰족과 발루치족이 법을 집행하고 분쟁을 해결하는 전통적인 부족 정부 형태이다.

탈레반의 폭력과 매맞는 여성

을 세웠다. 이들은 여성은 집에 머물고, 남성은 수염을 기를 것을 요구하는 '파트와fatwas(종교적 명령)'를 공표했다. 그뿐만 아니라 그들에게 반대하는 정치인들을 죽이고 일반인들에게도 무자비한 행동을 자행했다.

특히 2008년에 탈레반이 지배를 확고히 한 뒤로는 여성에 대해 더욱 폭력적이고 가부장적인 태도를 취했다. 탈레반은 여성들에게 가정에만 있으라고 했고 여성이 집 밖에 나가려면 '마흐람mahram(남성 가족)'을 동반하라고 했다. 이들은 여학교를 철거해 여성들이 교육받을 수 없게 만들었다. 여성들은 여러 면에서 이슬람 무장 세력의 지배와 내란 진압 작전에 영향을 받아왔다. 첫째, 성별 분리가 매우 심한 사회에서 여성은 그전에도 마음대로 이동할 수 없었는데 탈레반의 율령과 가혹한 처벌로 인해 이동의 자유가 더욱 줄어들었다. 그리고 2009년 탈레반을 소탕하기 위한 군사 작전의 결과로, 여성들은 가까이 있는 평야 지대로 대규모 이주를 당하는 트라우마를 겪었다. 나중에 돌아와서 보니 집은 모두 부서졌

베일을 한 스와트 여성

고 학교와 병원은 철거되고 없었으며 농지 등 생계 수단 또한 심하게 망가져 있었다.

피해자에서 투사로: 여성 이미지와 행위주체성

스와트 여성들은 이중의 억압을 겪고 있다. 탈레반과 샤리아 강화의 주요 목표물이 여성이었기 때문에 여성들은 기본 인권도 누리지 못했다. 그런데 그뿐만 아니라 대중 매체와 진보 담론에서도 여성은 정체성과 행위주체성을 가지지 못한 존재로 여겨진다. 여성은 약한 성으로, 보호와 지도가 필요한 아이 같은 존재로 그려지는데 이런 묘사는 매우 부정적인 결과를 초래한다. 민족 분규와 전쟁 상황에서 여성들이 보여준 힘과 용기는 제대로 인정받지 못하고 여성들의 역할과 목소리는 감춰지고 지워졌다. 그 결과, 여성들은 앞날을 결정하는 중요한 자리에 참여하지도, 그 어떤 역할을 맡지도 못하고 있다.

여성을 피해자로, 취약한 집단으로 그리는 대중 매체와 진보 담론은 여성의 소외된 지위를 더욱 고착화하고 젠더 불평등을 강화하며 여성을 대상화하는 것이다. 이처럼 정형화된 본질주의적인 묘사는, 호의적인 의도에서 나온 것이라 할지라도, 불행히도 그 효과에서는 탈레반의 여성 혐오 이데올로기와 크게 다르지 않다. 둘 다 여성을 자율적이고 능동적인 주체로 인식하지 못한다. 마디나 해리Madina Haeri와 나딘 페취귀볼Nadine Puechguirbol은 전투원 여성을 포함해 분쟁 시 여성들의 역할과 경험을 본질주의적으로 묘사하기보다는 다원적으로 이해해야 한다고 주장한다(Haeri & Puechguirbol, 2010). 이들 주장에 따르면, 여성이 본질적으로 약하다거나 본래 연약한 존재라는 인식을 없애는 가장 확실한 방법은 전투에 능동적으로 참여하는 것이다.

나의 현장 연구와 수많은 2차 자료를 통해 볼 때, 스와트 계곡을 이슬람 과격 세력이 점령했던 시기에 여성들의 역할과 경험은 엄청나게 다양했으며 역동적으로 변화했다는 것을 확인할 수 있다. 그리고 여성들의 역할과 경험은 지금도 역동적으로 변하고 있다. 연약한 피해자로 그려지는 것과는 반대로, 스와트 여성들은 적어도 초반에는 탈레반의 명분을 지지했고 그것을 위해 적극적으로 참여하기도 했다. 예를 들어, 워싱턴 DC에서 활동하는 파슈툰족 저널리스트 무크타르 아메드 칸Mukhtar Ahmed Khan이 쓴 글에 따르면, 이슬람 성직자 물라 파즈룰라Mullah Fazlullah는 지방 여성들에게 폭발적인 인기를 누렸다. 시골 여성들은 그의 '마드라사Madrasah(이슬람 신학교)' 건립을 위해 현금과 보석을 아낌없이 기부했다(Khan, 2009). 여러 증언에 따르면, FM 라디오를 통해 끊임없이 전파되는 물라 파즈룰라의 설교와 메시지를 듣는 사람은 주로 농촌 여성들이었다. 물라 파즈룰라는 이슬람교와 샤리아에 입각해 여성의 권리를 옹호했으며 이른바 참된 이슬람 사회에서는 여성에게 정의와 적절한 지위를 줄 것이라 약속했다. 또 다른 파슈툰족 저널리스트인 샤힌 부너리 Shaheen Buneri는 이슬람 운동 초기(2004년)에 탈레반 지도자 물라 파즈룰라가 스와트 여성들에세 끼친 영향에 대해 다음과 같이 진술했다.

> 주변 마을 여성들은 그의 인격에 대한 신화를 지어내었고 그의 종교적 영향력에 관한 과장된 이야기가 사람들 사이에서 회자되었다. 물라 파즈룰라는 종종 말을 탔는데, 이교도 땅에 말을 타고 다니면서 이슬람 깃발을 들어 올렸던 아랍 장군들처럼 보이기 위해서였다. 파슈툰족 여성에게 보석이란 영예와 경제적 자율성을 상징하는 것이다. 선택의 여지가 없는 경우가 아니면, 여성들은 웬만해서는 남편에게도 보석을 주지 않는다. 그러나 파즈룰라는 여성들에게 걱정도 부족함도 없는 천국에 대한 꿈을 주면서 여성들에게서 신탁자금을 모았다(Buneri, 2012: 11).

역설적이게도, 파즈룰라는 권력을 잡자마자 여성을 '지하드Jihad(성전)'의 첫 번째 대상으로 삼았다. 우리는 다음과 같은 질문을 던져야 하며 그에 대한 답을 찾을 필요가 있다. 샤리아를 강화하자는 탈레반 운동을 초기에 여성들이 지지한 이유는 무엇이었는가? 스와트 여성 중에서도 어떤 집단이 탈레반 지지에 더 적극적이었나? 권력을 잡자 여성의 이동, 교육, 의료를 강하게 규제한 탈레반의 변화를 여성들은 어떻게 받아들였는가? 2009년 정부군의 탈레반 진압 작전으로 대규모 이주 명령이 떨어졌을 때 여성들은 어떻게 대처했는가? 진압 작전이 끝난 뒤, 재정착과 생계 복구에 여성들은 어떤 역할을 했는가?

첫 번째 질문에 대한 답은 가부장제 이데올로기와 구조에서 찾아보아야 한다. 그뿐만 아니라 파슈툰족 부부는 그 관계가 불안정하다는 점과도 관련이 있다. 체리 린드홈Cherry Lindholm과 찰스 린드홈Charles Lindholm은 파슈툰족 가정에서 벌어지는 젠더 정치학의 역동성을 광범위하고 꼼꼼하게 다루었다(Lindholm & Lindholm, 2000; 2008). 이들은 스와트의 파슈툰족 사람들 사이에 견고한 가부장제가 존재한다는 것을 인정하면서도, 파슈툰족 여성은 일반적으로 수동적인 존재로 여겨지지만 실은 그렇지 않다고 주장했다. 서구 사람들이 흔히 떠올리는 퍼다Purdah(베일)를 쓴 순종적인 여성이라는 이미지는 스와트의 파슈툰족 여성과는 거리가 먼 모습이라는 것이다. 이들에 따르면 스와트 계곡에서 결혼은 전쟁과 같다. "결혼은 적대 관계로 시작한다. 어린 신부의 불안과 신랑의 부끄러움은 주도권 싸움으로 이어진다. 권력의 위태로운 균형을 유지해야 하는 파슈툰족의 결혼에서, 젊은 신랑 신부는 주도권을 빼앗기지 않으려고 처음부터 싸울 준비를 한다"(Lindholm & Lindholm, 2000). 여성들은 남성 지배를 멈추게 하고 싶다는 열망을 가지고 있었으므로 종교적인 미사여구로 여성의 권리와 지위 향상을 이야기하는 물라 파즈룰라의 말에 솔깃할 수밖에 없었을 것이다. 여성들은 물라 파즈룰라를 자신의 자율성과 지위를 회복시키고 고양시켜줄 메시아로 받아들였다.

여성 의식female consciousness과 페미니즘을 구분한 템마 캐플란Temma Kaplan의 논의가 초기 탈레반 운동에서 여성들의 역할과 기대를 설명하는 데 도움이 된다. 캐플란에 따르면, "여성 의식은 특정한 계급, 문화, 역사적 시기가 여성에게 기대하는 것에 대한 인식이다. 여성 의식에서 나온 권리 의식과 의무감이 정치적 행동의 동력이 되기도 하지만 그 행동은 마르크스주의나 페미니즘 이론이 일반적으로 설명하려고 하는 것과는 다르다"(Kaplan, 1982: 545). 그녀는 페미니즘과 페미니스트 접근 방식이란 젠더가 평등한 시스템을 향한 새로운 권리와 지위를 목표로 삼는 것이라 했다. 따라서 여성들의 탈레반 지지는, 완고한 성별 분업과 강력한 이슬람 이데올로기 안에서 자신의 지위와 권리를 실현시키기 위한 필사적인 시도라고 해석하는 것이 타당하다.

여성들이 탈레반 운동에 참여한 이유가 무엇이든 간에, 이들은 결국 탈레반의 주요 목표물이 되었다. 성 평등의 페미니즘 이데올로기가 없는 여성 의식의 한계를 여실히 보여주는 것이다. 그런데 강제 이주와 재정착 과정에서 비인간적 대우와 고통을 겪으면서 여성들은 불평등에 대해 좀 더 구체적인 언어로 비판할 수 있게 되었다. 그것은 여성 예속의 근본 원인에 저항할 수 있게 만드는 것이었다. 오랜 기간 탈레반의 폭압을 겪은 후 강제 이주를 해야만 했을 때 여성들에게 그 같은 새로운 의식이 생겨나고 있음을 우리는 목격했다. 대규모 강제 이주를 당한 후, 스와트 여성들은 참기 힘든 고난을 겪어야만 했다. 난민촌 여성들의 비참한 생활은 국제 NGO 옥스팸Oxfam(1942년 발족한 극빈자 구제 기관)의 보고서에 다음과 같이 요약되어 있다.

> 이러한 상황에서 여성들은 성폭력과 성 착취뿐만 아니라 스트레스 상황에서 증가하게 마련인 가정 폭력, 그리고 인신 매매와 강제 결혼(절박한 부모들은 이것을 보호 조치로 여기기도 한다)을 당할 위험이 높다. 이런 문제들에 대한 신중하고 효과적인 모니터링이 필요하다. 게다가 임신한 여성이 69,300명이나 있다(Oxfarm, 2009: 3).

여성들은 강제 이주라는 힘든 상황에 직면했을 뿐만 아니라 하루하루 먹고 살기 위해 투쟁의 최전선에서 고군분투해야 했다.

그뿐만 아니라, 말랄라 유사프자이Malala Yousafzai(2014년 노벨평화상을 수상한 파키스탄의 여성 교육운동가)와 수천 명의 젊은 여성은 지극히 가부장적인 사회의 여성 혐오적 태도에 평화적으로 저항하면서, 여성이 자유롭게 발언하고 집회를 하고 교육을 받을 권리가 있다고 주장했다. 제한된 지면에 이들의 투쟁 이야기를 다 담을 수가 없어서 파슈툰족 출신의 신진 여성 작가 굴 파샤 울팟Gul Pasha Ulfat의 시로, 여성들의 느낌, 경험, 자신의 운명을 통제하려는 열망을 표현하고자 한다.

여자들의 넋두리

가을바람은 봉오리가 피어나지 못하게 하고
잔혹한 사냥꾼은 나이팅게일이 꽃으로 날아갈 수 없게 하네
내 의지는 내 것이 아니며 나는 종교의 소유물이라네
아버지는 내가 하고픈 것을 허락하지 않는다네
누구에게 불평하고 어디서 울 수 있을까
이 나쁜 전통은 내가 진실을 말하게 두지 않네
얼마나 무지의 어둠 속에 있어야 하나
그들은 내가 과학, 지식, 예술의 빛을 보지 못하게 하는구나
내가 학교에 가지 못하는데
내가 아이들을 제대로 교육하기를 기대하다니

참고 문헌

Buneri, S. (2012), *Swat Valley: The Metamorphosis*, Williamsburg: Tribal Analysis Centre, retrieved from http://www.tribalanalysiscenter.com/PDF-TAC/Swat%20Valley-Metamorphosis.pdf on 29 September 2014.

Goldsmith, M. (1943), *Women at War*, London: Drummond.

Haeri, M. & N. Puechguirbol (2010), "From Helplessness to Agency: Examining the Plurality of Women's Experiences in Armed Conflicts," *International Review of the Red Cross*, 92(877): 103–122.

Kaplan, T. (1982), "Female Consciousness and Collective Action: The Case of Barcelona, 1910–1918," *Signs*, 7(3): 545–566.

Khan, M. A. (2009), "FM Mullahs Spread the Taliban's Word," *Asia Times Online*, June 4, retrieved from http://www.atimes.com/atimes/South_Asia/KF04Df02.html on September 25, 2014.

Lindholm, C. (2008), "Polygyny in Islamic Law and Pukhtun Practice," *Ethnology*, 47(3): 181–193.

Lindholm, C. & C. Lindholm (2000), "Life behind the Veil," in E. Ashton-Jones, G. A. Olson, & M. G. Perry (eds.), *The Gender Reader*, Boston: Allyn and Bacon.

Lindholm, C. & C. Lindholm, "Marriage as Warfare," *Natural History*, retrieved from http://www.naturalhistorymag.com/picks-from-the-past/022054/marriage-as-warfare on 1 June 2013.

Marwick, A., W. Simpson, & C. Emsley (2001), *Total War and Historical Change*, London: Open University Press.

Marwick, A. (1977), *Women at War-1914-1918*, London: Fontana Paperbacks.

Oxfam (2009), "Too Little, Too Slow: Why More Must be Done to Assist Pakistan's Displaced Millions," *Oxfam Briefing Note*, June 19, retrieved from http://www.oxfam.org.nz/resources/onlinereports/Oxfam%20International%20briefing%20note%20Pakistan%20conflict%20IDPs%20FINAL%2016-06-09.pdf on August 22, 2014.

8 기후 변화에 대응하는 우즈베키스탄 여성들

디로롬콘 쇼디에바, 나데이다 박히토바, 리리야 아바조바

개요

우즈베키스탄 같은 개발도상국에서는 환경과 보건을 위한 정부 예산이 충분하지 않아서 수년째 상황이 나아지지 않고 있다. 지역 생태계와 사람들의 건강을 보호하는 노력을 하기 위해서는 주민들이 움직여야 한다. 따라서 지역 여성단체의 목표는 의식 수준을 높이고 여성과 청소년에게 적절한 교육을 제공함으로써 가족의 질병과 기후 변화의 부정적 영향을 줄이는 것이다. 그러기 위해서는 대규모 투자를 요구하기보다는 활용 가능한 자원을 효과적으로 활용하는 것이 필요하다. 즉, 일반 시민들에게 영향을 줄 수 있는 교육적이면서도 심리학적인 방법을 이용해야 한다.

서론

우즈베키스탄의 기상 자료를 보면, 수십 년 사이에 기온이 0.2℃ 상승했음을 알 수 있다. 이런 변화는 북반구의 평균 가온율average warming rate보다 40% 빠른 것이다. 이대로라면 2035년까지 기온이 1.0~2.5℃ 오르게 될 것이고 기후대의 경계가 이동하며 더욱 건조해질 것이며 전반적인 환경 상황이 악화될 것이다(UNDP, 2008).

50년 전과 비교해 보면, 산사태 횟수가 증가했고, 전통적으로 사용하는 관개 시설의 물 유입량이 줄어들었으며, 주요 산림 작물도 감소했다. 다양한 농법은 줄었고, 서로 다른 활동 유형의 유기적 관계에 기초한 재생 과정도 약해졌으며, 수확기 직전의 기근이나 식량 부족도 증가했다. 시골 사람들이 땔감을 구하러 다니는 기간도 늘어났다. 숲과 목초지의 식물 구성은 부정적인 영향을 받았고, 생활 수준은 떨어지고 있으며, 산악 지대에 사는 이들의 실업률과 이주는 계속 증가하고 있다(Jodha et al., 1992). 고산 지대의 생태계는 기온 상승으로 인한 새로운 환경에 좀처럼 적응하지 못하고 있다. 지구 온난화는 우즈베키스탄의 산악 지대에 사는 사람들에게도 커다란 변화를 가져왔다. 그들의 안정된 생활 방식에 이미 큰 변화가 생기기 시작했으며 그들의 삶, 생계, 소득, 건강도 심대한 영향을 받을 것이다.

우즈베키스탄 산악 지대 기후 변화의 위험성

기후 변화에 대응하지 않으면 기후 변화로 인해 2050년까지 농산물 수확량이 20~50% 줄어들 것이고, 그러면 우즈베키스탄의 식량 안보와 농촌의 생계가 위협받을 것이다. 기후가 더 고온 건조해지면 산악 지대 농업 생산성이 지속적으로 하락할 것이고, 동식물의 서식지가 줄어들게 될 것이다. 전국적인 강우량 부족과 함께 평균 기온 상승은 수인성 전염병의 확산, 황사, 폭염 스트레스를 초래할 것이고, 극한 기후 현상으로 인한 여러 건강 문제도 일으킬 것으로 예상된다. 또한 봄 해빙이 일찍 와, 농사철 유수(流水)도 줄어들 것이다. 장기적으로 볼 때, 강 상류 유역 지대는 매우 건조한 산악 기후를 갖게 될 것이다.

기후 변화와 함께, 극한 기후 현상의 위협도 증가할 것이다. 산사태가 늘어날 것으로 예상되는데 우즈베키스탄에는 빙하호가 271개나 있으므로 잦은 산사태는 큰 문제가 될 것이다. 타슈켄트 휴양지에 있는 캄칙 고개Kamchik Pass의 눈사태 위험성은 줄 것으로 예상된다. 그러나 눈사태 지속 기간, 눈사태 횟수, 눈사태 발생 지역을 보면, 눈사태가 여전히 큰 문제임을 알 수 있다. 폭우가 늘어나면서 우박도 잦아지게 될 것이다. (고온 건조한) 저기압성 가뭄은 농작물의 성장을 저해하거나, 작물에 피해를 주거나, 물 소비를 크게 증가시킨다.

기후 변화, 인구 증가, 도시화, 대규모 삼림 파괴는 수자원과 관련해 중앙아시아의 큰 골칫거리이다. 지구 온난화의 결과로, 산악 지대에서 녹고 있는 빙하는 이미 강과 호수를 넘치게 만들었다. 이미 녹은 빙하는 강의 수량을 증가시켰다. 그러나 앞으로 20년 간 빙하의 손실로 인해 아무 다리아 강, 시르 다리야 강 일부, 몇몇 지류, 자라프샨의 강줄기가 25~30% 줄어들 수 있으며, 이는 그 지역 전체의 심각한 문제가 될 것이다.

기후 변화의 위험 요소들 가운데, 건강에 영향을 미치는 것도 있다. 직접적인 영향으로는 열병과 심혈관계 질병을 들 수 있으며, 간접적인 영향으로는 말라리아와 설사가 있다. 기후 변화는 생물 다양성, 생태계, 몇몇 경제 분야에도 악영향을 준다. 우즈베키스탄의 상하수도 시설은 열악하다. 인간의 개입 또한 지역 미기후microclimate(주변 환경과 다른 국소 지역의 특별한 기후), 지면 배수와 지하 배수에 변화를 야기한다. 경작지, 도로망, 농가, 저수 시설 등이 큰 면적을 차지하므로 농업도 산림에 큰 영향을 준다. 이제 과학계와 일반 대중은 기후 변화는 현실이며 인간의 건강, 삶의 질, 그리고 경기에 가장 직접적으로 영향을 주는 전 세계적 현상임을 이해하고 있다. 우리는 산림이 유지되도록 해야 하며, 국토 보존 조치가 이행되는지 감시하고, 농업 생산과 자연 생태계의 조화로운 통합을 도모해야 한다. 이것이 산림 개발에서 고려해야 할 가장 중요한 점이다.

개발도상국들은 위에서 언급한 문제들을 다룰 수 있는 공적 자금이 충분하지 않다. 그러나 해를 거듭할수록 이 문제들은 심각해지고 있으며 곧 임계점에 도달할 것이다. 이 같은 상황에서 아래에서부터 시작하는 접근법은 지역 공동체의 문제들을 다루는 중요한 시도로 여겨진다.

전에는 왜 이 접근법을 쓰지 않았는가? 무엇보다, 주민들 스스로 이 문제들을 해결해야 한다는 것, 그들 자신이 이 문제에 대처하는 방식을 알고 있어야 하며 관계 당국에 문제를 제기해야 한다는 것을 지역 주민들이 몰랐기 때문이다. 이 접근법을 지지하는 이들은 기후 변화가 야기하는 위험에 대응하는 데 필요한 기술과 지식을 습득하고 있으며, 배운 것을 농촌 여성들과 나누기 위해 노력하고 있다. 또한 농촌 여성들의 기후 변화 대응을 돕기 위한 기술과 지식을 향상시키려고 노력한다. 여성들이 지역 예산을 결정하고 논의하는 데 참여한다면 앞에서 언급한 대부분의 문제에 대응할 수 있을 것이다.

여성들의 자발적 노력과 문제 해결 방식

교육과 의식화는 지속 가능한 발전이라는 개념을 이해하는 데 매우 중요한 역할을 한다. 정식으로 교육을 받은 이들이 환경 문제와 지속 가능한 발전을 제대로 이해하지 못하는 것이 현재의 환경 위기, 경제 위기의 주요 원인이라고 할 수 있다. 그러므로 기후 변화에 대응하고 이를 완화할 수 있게 하는 교육 프로그램이 시행되어야 한다. 그런 프로그램은 산악 지대 여성들이 기술을 개발하고, 지식과 능력을 넓히고, 이 문제에 대처하는 데 더 많이 참여할 수 있도록 도울 것이다.

국가적 차원에서 현대 세계의 문제를 학교에서 가르쳐야 한다고 우리는 생각한다. 즉, 지역 차원에서 전 지구적 차원에 이르기까지 사회, 경제, 환경 문제를 포함해 우리 사회가 직면한 문제를 해결할 지식과 기술을 학생들이 익히게 해야 한다. 그래서 우리는 학교, 전문학교, 대학교에서 환경 의식을 키우는 다양한 활동을 벌였다.

그러나 환경 교육은 학교뿐만 아니라 가정에서도 반드시 이루어져야 한다. 환경 교육의 주 대상은 어린이와 학생들이다. 사실 환경, 사회, 경제 문제는 주로 성인들의 활동과 연관되어 있다. 게다가 소비 사회에서 정보 사회로 변하는 세계적 추세는 성인 교육이 더욱더 중요해지게 만들고 있다. 그러나 모든 성인을 대상으로 교육할 방법이 없기 때문에 성인들에게 환경 교육을 하기는 쉽지 않다. 환경 교육에서는 다음과 같은 것을 생각하게 한다.

- 가정에서 물과 에너지 소비, 쓰레기 처리를 어떻게 해야 하는가?
- 농사가 어떻게 토지와 수자원을 악화시키고 오염시키는가?
- 가족의 건강뿐만 아니라 환경도 돌보는 여성들의 가정은 어떤 모습인가?

산악여성단체

위의 질문들에 대한 답을 찾고 농촌 여성들을 발전시킨다는 목표를 위해 '산악여성단체Women of Mountain Group'가 설립되었다. 이 단체는 우즈베키스탄 산악 마을의 여성 대표들로 구성되었다. 산악여성단체의 목적은 소외 지역 여성들의 경제적·환경적 평등을 보장하는 것이다. 이러한 목적의 일환으로, 이 단체는 산악 지역 여성들의 지식, 기술, 능력 개발을 통해 기후 변화의 대응과 완화를 도모하고, 기후 변화가 야기한 문제의 해결에 더 많이 참여할 수 있도록 하는 프로그램을 개발하고 시행하고 있다. 이 프로그램에서는 다음과 같은 주제들을 다룬다.

• 경제 정의와 환경 정의의 실현
• 교육 기회의 확대
• 재생산 건강을 포함한 여성의 건강 증진

NGO와 마을 주민들이 참여한 가운데, 이 단체의 전문가들은 '아래에서 위로' 가는 접근법의 저렴하면서도 효과적인 성인 교육 기술을 활용했다(Vakhitov & Vakhitova, 2008). 이전 경험에 토대를 두고 설문 조사 결과와 프로그램 대상자들의 종합적인 분석에 기초해 「가정과 환경의 생태적 안전」(Abbazova & Vakhitov, 2013)이라는 매뉴얼을 개발해서 출판하기도 했다. 교육 자료 중에 환경 안전, 경제 안전, 그리고 지역 환경 보존을 위한 가정의 역할에 관한 부분이 부족했기 때문에 그 부분을 보완하기 위해 만들어진 매뉴얼이다.

가족에게 환경과 경제 교육의 기초, 천연 자원 관리, 건강 보호에 대해 교육하는 것은 여러모로 유익하다. 우리는 교육 프로그램을 개발하면서 사람들 각각이 이미 완성된 성격, 신념 체계, 생명관을 가지고 있다는 것을 알게 되었다. 그래서 이를 인정하는 관점으로 우리의 태도를 재구성했다. 나이 들어서 새로운 지식을 습득할 수는 있어도 지식을 활용하고 실천하는 것은 또 다른 문제이다. 사람들이 새로운 정보를 이해하고 기억한다고 해서 반드시 그 정보를 따르는 것은 아니다. 그보다 더 중요하게 여기는 것이 있기 마련이고 배운 것을 늘 실천하는 것은 아니기 때문이다. 그래서 교육을 통해 최대의 효과를 얻기 위해, 우리는 반박의 여지가 거의 없는 인간의 기본권에 초점을 맞추었다. 즉, 인간의 자기 보호 본능, 지속 가능한 발전에 대한 인간의 열망, 가족을 지키고자 하는 마음에 호소했다.

아시아에서 어머니 교육은 매우 큰 역할을 한다. 이는 "아이는 진흙이고 엄마는 그 진흙으로 그릇을 빚는 이다"와 "엄마를 보고 그 딸에게 청혼하라" 같은 우즈베키스탄 속담을 보면 알 수 있다. 이런 속담들은 아이의 지적 발달에 어머니가 필수적인 역할을 한다는 걸 보여준다. 그래서 우리는 각 가정에서 환경 교육을 할 수 있게, 지역 여성 운동 프로그램을 만들었다. 어머니들의 도움으로 여성 연대를 실현할 수 있었다. 우즈베키스탄의 '새천년 발전 목표'를 성취하기 위한 프로그램 개발의 근간에는 실업 인구의 48%가 여성이라는 사실이 있다. 경제 활동을 하지 않는 여성 대부분이 집에서 일을 하기에 바빠 밖에서 일할 기회가 없다. 이 프로젝트는 여러 집안일을 가르치고 여성들의 지적 수준을 높이는 교육을 하는 것이다. 그와 같은 활동을 위해 '주부센터'라는 곳을 열었다. 이 곳에서 여성들은 환경 실태를 분석하고, 판단을 내리고, 자연을 보호하는 능력을 계발할 수 있도록 격려를 받고 배움을 얻는다. 학생들에게 환경 교육을 시킬 때 중요한 사항은 다음과 같다.

1. 환경 지식 체계
2. 개개인의 환경 의식
3. 환경 문제에 대한 통찰력
4. 생태적 사고
5. 창의성
6. 동기 부여

주부센터의 모임은 환경과 건강, 가족 환경, 탄소 발자국 줄이기, 환경 안전, 지속 가능한 발전과 자연이라는 주제로 쌍방향 교육을 제공한다. 여성들이 새로운 지식만 얻는 것이 아니라 공동 작업을 위한 능력도 계발할 수 있게 대화식 수업이 이루어진다. 대화식 학습은 의사소통 기술을 길러주고, 학생들 간에 정서적 유대를 맺게 해주며, 교육 과제를 통해 공동 작업을 배우게 하고, 동료의 의견에 귀 기울이게 한다.

글로벌 교육이라는 이념을 실천하는 통합교육 프로그램에서의 환경 교육이 특히 중요한 의미를 가진다. 그러나 일상 생활에 적용할 수 없으면, 새로운 가치를 발견할 수 없으며 기대한 결과를 얻을 수도 없다. 우리는 사람들이 배운 것을 최대한 실천할 수 있도록 특정 환경 문제와 상관 관계가 있을 법한 각각의 패턴을 알아내려고 노력한다. 이 작업은 주민들의 지식을 넓히는 데 기여하고 있다. “모든 아이에게 나무 한 그루씩을”이라는 구호를 내걸고 관상수와 과실수를 많이 심었다. 여성들이 스스로 주도해 다양한 채소와 멜론을 정원에 심는 활동을 벌여 가속 복지에 이바지하고 있다. 또한 친환경 비료를 사용해 땅을 비옥하게 만드는 데도 보탬이 되고 있다.

기후대응센터

이 지역에서는 기후 변화와 환경 보호에 대한 사람들의 관심이 점점 더 커지고 있다. 기후 변화의 영향을 줄이는 법을 교육하고 자문해 주는 지속적인 시스템 역할을 하기에는 기후적응센터가 안성맞춤이다. 이 센터에서 여성들은 재래식으로 개발된 지역 시스템, 농업 기술, 수공예 기술에 대해, 그리고 적정 농업 기술로 효과적으로 옮겨가는 방법에 대해 지속적으로 조언을 얻는다.

기후대응센터는 지역 여성단체와 기후대응센터 위원회 모임이 지역 당국에 제기할 문제와 사안을 토론하는 기반이 되어줄 것이다. 이에 더해, 이 센터는 각 가정에서 여러 문제에 대한 해결 방안을 모색할 수 있도록 여성들에게 무료 교육을 계속 제공할 것이다. 기후대응센터 위원회

기후대응센터에서 토론하는 여성들

의 주요 임무는 전반적인 조언을 해주는 것, 그리고 기후 변화를 방지하고 그에 대응하기 위한 지역적 노력의 지속적인 조직화를 위한 발판이 되는 것이다.

이것은 별도의 비용 없이도 시행할 수 있으며(저비용은 개발도상국에게는 중요한 요소이다) 활용도도 매우 넓다는 점에서 특별하다. 주민들 스스로 절약과 친환경 소비를 통해 번영을 도모하는, 돈 안 드는 해결책인 것이다. 많은 개발도상국에서 이 같은 프로그램을 시행할 수 있다. 따로 돈을 들이지 않고 그 지역에서 이용 가능한 자원을 활용하면 된다. 학교를 이용하는 것도 고려할 수 있다. 독립국가연합(CIS) 나라들에서 정기적으로 학교에서 열리는 학부모 모임에는 국민 대다수가 참여하므로 학부모 모임을 활용하는 것도 좋다(Vakhitova, 2010). 그리고 기후대응센터에서는 새천년 발전 목표에서 열거한 범주들, 즉 환경적 지속성, 빈곤과 기아, 젠

기후대응센터에 모인 여성들

더 평등, 여성의 역량 강화, 유아 사망률, 정신 건강, 질병 등과 기후 변화를 연결하는 연구에 특히 중점을 둘 것이다.

앞으로 도시, 시골 마을, 들판, 뒷마당의 생태계에 계속 관심을 가질 것이고 농장의 환경 안전 문제에 대한 지식을 나눌 것이다. 또 부수적인 소득원을 가질 수 있도록 주민들을 교육하고, 가정에서 재생 에너지를 사용하게 할 것이며, 친환경 음식을 포함해 건강한 생활 습관을 장려하고자 한다. 이렇게 해서 얻게 되는 혜택에 대한 보고서를 계속 출판할 계획이다.

결론

인간은 지구와 인류의 진화에서 자기 역할이 무엇인지를 알아야 한다.

사회의 지속 가능한 발전이라는 맥락에서는 더욱더 자기 역할을 잘 알아야 할 것이다. 그러기 위해서는 전 지구적인 환경 교육이 시급하다. 인간의 역할을 알기 위해서는 현재의 상황을 이해해야 하는데 그것은 교육 없이는 불가능하기 때문이다. 복잡한 환경 문제를 몇 달 만에 개선할 수는 없다. 여러 해에 걸친 노력과 엄청난 투자가 필요하다. 앞으로 환경 문제를 다루게 될 이들은 바로 학생을 포함한 지금의 젊은이이다. 이런 이유로, 사회 발전의 현 단계에서 특히 중요한 학생들을 대상으로 한 환경 교육 과정을 만든 것이다. 환경을 생각하는 마음을 기르기 위해 초중등 학교, 전문학교, 대학교에서 여러 활동을 펼치고 있다. 환경 교육은 학교뿐만 아니라 학교 밖에서도, 가정에서도 이루어져야 한다.

개발도상국들은 환경과 건강 보호에 쓸 수 있는 돈이 많지 않으므로, 기후 변화 대응을 위한 지역 공동체의 연구와 주민 행동을 이끌어 내는 능력이 특히 중요하다. 또 지역 공동체의 지식 향상을 위한 효과적인 기제로서, 그 지역의 이용 가능한 자원을 활용하는 것이 필요하다. 학교를 이용하면 별도의 투자 없이도 가능하다. 많은 나라에서 학부모 모임을 정기적으로 학교에서 갖는다. 교사들과 함께라면 학부모 모임에서 환경 교육을 진행하는 것도 좋다. 그렇게 되면 교사들을 지식의 전수자로 계속 활용할 수 있다.

우즈베키스탄에서 학교는 대다수 인구를 포괄한다. 학생들이 가정에서 부모의 교사 역할을 할 수 있으면 이 계획의 효율성은 더욱 커진다. 이렇게 얻은 경험은 실제로 활용할 수 있는 프로그램을 통해 전파될 수 있으며 다른 개발도상국에서도 쓰일 수 있다. 그리고 기후 변화의 영향뿐만 아니라 인간이 환경에 미치는 부정적 영향까지도 경감시키는 지역 공동체의 대응 능력을 향상시킬 수도 있다. 우리는 여성의 연대를 이용한 어머니들의 도움으로, 각 가정에서 환경 교육을 하는 지역 여성 운동을 시작했다. 우리 프로젝트는 여성들을 교육함으로써 그 여성들이 가족을 가르치게 해서, 가족 전체의 지적 수준을 높이게 돕는 것이다. 여성은 아동 교육에 결정적인 역할을 하므로 교육과 여성의 세계관은 중요하다. 그러나 아동 교육 향상에 여성이 늘 해결책이 될 수는 없다. 특히 소외 지역 여성들의 상황은 쉽지가 않다. 그러나 우리는 진심으로 여성의 발전에 기여하고 싶다.

앞으로 우리가 이루고자 하는 목표는 다음과 같다.

- 일반 대중의 삶의 질을 향상시키기 위해, 진보적인 사회 성원들의 노력, 이들의 지적 잠재력, 창조적이고 조직적인 능력을 이용해 여성들의 사회 경제적·정신적 발달 계획을 지원한다. 그렇게 함으로써 환경을 보호하고, 개개인의 신체적·정신적 건강을 지키고 문화 가치를 수호하고자 한다.
- 친환경적 세계관을 만들고, 환경에 대한 지식을 장려하며, 환경 위기를 방지하려는 지역의 경험과 원칙들을 공유하고, 대중이 환경 문제에 관심을 갖게 한다.
- 자연과 문화 유산을 보존하고 복원하려는 시민, 사업, 단체들에게 가능한 한 모든 지원을 제공한다. 공중보건과 좋은 환경 정책으로 더욱 건강한 환경을 만들기 위해 노력한다.

참고 문헌

Abbazova, L. & A. Vakhitov (2013), *Environmental Safety of the Family and Environmental Conservation, Part II*, Tashkent: ABV Press.

Jodha, N., M. Banskota, & T. Partap (1992), *Sustainable Mountain Agriculture*, New Delhi: Oxford and IBH.

Vakhitova, L. (2010), "The potential for the implementation of an effective mechanism for improving mountain communities knowledge of adaptation to climate change," paper presented at the International conference on Global Change and the World's Mountains in Perth, Scotland, September 26-30.

Vakhitov, A. & L. Vakhitova (2008), *Environmental Safety of the Family and Environment Conservation, Part I*, Tashkent: ABV Press.

UNDP (2008), *Uzbekistan Environmental Review based on Indicators*, Tashkent: United Nations Development Program.

제7부

변화를 위한 연대

9 인도네시아 여성들의 땅 지키기: 렘방 시멘트 공장 반대 운동

디안 레스타리닝시, 와리야툰

개요

시멘트 공장 반대 시위에 여성들이 등장함으로써 시멘트 공장과 채굴 시설 건설에 맞서는 지역 사회의 저항은 새로운 국면을 맞이했다. 인도네시아에서는 렘방의 시멘트 공장 건설을 저지하기 위해, 여성들이 공적 영역과 사적 영역의 경계를 허물며 도움을 구하고 자원을 끌어모으며 운동에 적극적으로 참여했다. 이들은 시멘트 공장 건설 반대운동을 하면서 적극적으로 주민들을 조직화했고 사회 의식을 키우는 교육을 통해 스스로 역량을 키워 나갔다. 영향력 있는 지도자의 지원을 받아 지역적·전국적 차원에서 여러 정부 기관을 상대로 공청회를 열기도 했다. 렘방의 여성 운동은 오래 전 자바의 영웅 카르티니[1]가 전통적인 규범을 깨뜨리면서 시작되었다. 이 글은 환경 파괴와 삶의 위협과 맞서는 데 여성들이 참여함으로써 어떻게 변화의 주체가 되는지 분석하고자 한다.

서론

이 글에서는 인도네시아 중앙자바 주州 렘방Rembang의 테갈도워

1 라덴 아젱 카르티니Raden Adjeng Kartini는 18세기 말, 자바의 가부장제와 네덜란드의 식민 지배와 싸우도록 자바 여성들을 이끈 자바의 영웅이었다.

Tegaldowo와 팀브랑안Timbrangan 여성들의 시멘트 공장 건설 반대 운동의 역동성에 대해 기술하려 한다. 이 공장 건설은 렘방 5개년 중장기 개발계획Rembang Regency Medium Term Development(RPJMD) 2010~2015에서 여섯 가지 '지역 개발계획 방향' 중 하나로 제안한 것이었다. 전국의 국영 항만 시설을 지원하고 더 나은 고용 기회를 보장하기 위한 지역 개발계획 4번째는 화학 산업, 발전소, 시멘트 공장 같은 종합 공업단지 건설이었다. 렘방 5개년 중장기 개발계획을 실현하기 위한 노력의 일환으로, 2011년 10월 21일 렘방 시장은 원자재 채굴지를 포함, 시멘트 공장 건설 승인서를 작성했다. 2011년 11월 18일 법령 591/040/2011을 통해 세멘 그레시크Semen Gresik 사에 허가를 주었고 그후 이 회사가 시멘트 공장, 원자재 채굴지를 만들고 기타 관련 활동을 하기로 했다. 이 회사는 부루Bulu 지역의 카디워노Kadiwono 마을과 구넘Gunem 지역의 팀브랑안, 파수센Pasucen, 카야르Kajar, 테갈도워에 시설물을 짓기 시작했다. 이는 대규모로 시멘트를 생산하기 위한 첫 단계였다.

켄덩 카르스트Kendeng Karst 산악 지대의 시멘트 공장과 채굴지 개발계획에 대한 마을 주민들의 반응은 다양했다. 회사에 식자재를 납품하는 일을 맡아 하게 되거나 공장 직원이 된 주민들도 있었고, 채굴과 공장 건설이 미칠 영향을 걱정하는 주민들도 있었다. 가장 적극적인 사람은 테갈도워와 팀브랑안 마을 주민들이었다. 광산과 시멘트 공장 건설 저항 운동은 2012년도에 거세졌는데 그 시작은 '악시 베르리마*Aksi Berlima*'(5인조 활동이라는 뜻)였다. 그것은 시위자들 중 한 명이 전통 의상 '케바야 카르티니*kebaja kartini*'를 입는 것으로 유명했는데 그 옷은 옛날에 카르티니가 여성을 위해 투쟁할 때 입었던 것이므로 상징성이 있었다. 이 운동은 점차 변해갔다. 처음에는 남성들이 주도하고 여성들은 자바 문화에 따라 남성을 따라서, 남성과 함께할 뿐, 전면에 나서지는 않았다. 여성과 자연이 끊으려야 끊을 수 없게 문화적으로 강하게 연결되어 있다는 것도 여성이 활발하게 참여하게 된 이유가 되었겠지만, 여성들이 그들만의 독특한 방식으로 다른 여성들에게서 지지와 지원을 받았던 것이 큰 동력이 되었다. 서로 머릿니를 잡아주는 모임*Petan*이나 수다 모임*ngerumpi*에서 이야기를 나누며, 또 밭에서 일을 하는 동안 연대를 만들어 갔다. 그 지역 사람들은 광산 건설을 지속하면 자연과의 조화는 위협받을 것이라고 여겼다.

여성과 행위주체성 관점

가부장적 사회 구조에서 여성은 흔히 종속적인 대상으로 비친다. 왈비, 타워스와 프랜시스(Walby, Towers, & Francis, 2014)는 여성 억압은 임금에 반영되어 있고, 가정 폭력·문화적 폭력·성폭력에도, 그리고 국가에도 반영되어 있다고 지적했다. 여성 억압이 이렇게 거대하니 대안적인 해방 담론을 추구하게 된다. 이러한 맥락에서 시바와 미즈(Shiva & Mies, 2005)는 여성과 행위주체성의 관점에서 여성들이 주도한 운동을 다루고자 했다. 시바와 미즈가 주목한 칩코 운동Chipko movement(1973년 인도 여성들이 나무를 껴안고 벌목을 저지한 운동) 이야기는 아시아 여성들이 여성과 자연의 관계를 주로 논의하면서 시작되었다는 점에서 왈비, 타워스와 프랜시스(Walby, Towers, & Francis, 2014)의 설명과는 사뭇 다르다.

연구 방법

이 연구는 현장 연구에 기초를 두고 연구 대상의 중요성을 강조하는 질적 연구 방법을 사용했다. 렘방에서 이루어진 관찰과 심층 면접을 통해 자료를 수집했다. 렘방 군은 중앙자바 주 북부에 위치하며 면적은 101,408 헥타르이고 14개 구, 287개 마을, 7개 읍으로 나뉜다. 연안 지대, 평원, 고원, 산악 지대가 골고루 분포하는 렘방은 북쪽으로는 자바해, 남쪽에는 켄덩 북부 산악 지대와 접해 있다(Badan Pusat Statistik Kabupaten Rembang, 2012).

저항

켄덩 산악 지대와 그 일대의 운동사

켄덩 산악 지대의 농민 운동은 긴 역사를 가지고 있고, 렘방 여성 운동도 역사가 길다. 상층 여성들을 위한 것이기는 했지만 카르티니가 여학교를 세워 여성들의 비판 의식을 고취하고 삶의 질을 향상시키려 했던 19세기 초까지 거슬러 올라간다. 사푸트라(Saputra, 2014)에 따르면, 1930년대 라셈Lasem에 '여성과 아동의 인신 매매 방지를 위한 단체(BPPA)'가 있었다. 이 단체는 고리 대출 계약서 문제를 제기했는데, 그것은 빚을 갚고자 하는 여성 바띡(전통 염색기법) 노동자들과 어린이들을 인신 매매로 몰아넣었고 있었다. 이뿐만 아니라, 2차 네덜란드 군사 침략기 동안 여성들은 다음과 같은 역할을 했다. 여성들은, 특히 구넴 구에서 해방군에게 식량을 조달했고, 네덜란드군의 동향을 파악했으며, 피난민들을 위한 공공 취사장을 만들거나 피신처를 제공했고 피난민들과 부엌을 나눠 썼다.

켄덩 산악 지대는 사민 운동[2]의 역사와도 관련이 있다. 사민 운동은 블로라 지방의 상류층 집안 출신인 사민 수론티코Samin Surontiko가 시작한

2 사민은 네덜란드 정부에 납세를 거부함으로써 네덜란드 식민주의로부터 해방되려는 자바 토착 부족을 가리키는 말이기도 하다.

것으로 그는 중앙자바와 동자바 농민들을 모아 식민 지배에 저항하는 운동을 했다. 사민과 그 아들 수로히딘과 며느리 카르시자는 집 주변의 농부들을 교육시켰다. 그 당시 식민 지배에 대한 저항은 세금을 거부함으로써 법과 지배를 무시하는 비폭력적인 운동이었다. 1907년 사민 공동체의 납세 저항 운동은 블로라, 렘방, 파티 등 주변 지역으로 확산되었다. 이 운동은 억압에 저항하는 대표적인 농민 운동이 되었다. 아지즈(Aziz, 2012: 255)의 연구에 따르면, 사민 공동체는 천연 자원 관리에 다음과 같은 원칙을 준수했다. "우리 땅에서, 우리 물로, 우리 숲에서."

테갈도워와 팀브랑안의 시멘트 저항 운동

2007년, 시멘트 공장 건설 계획에 대한 정보는 렘방 군청을 통해 이미 퍼져 있었다. 군청은 긍정적인 반응을 보였고 시멘트 공장이 지어지면 그 지역에도 소득과 일자리가 생길 것으로 전망했다. 그러나 와뚜 푸띠 Watu Putih의 채굴 지역과 지하수 유역의 잠재적 위험에 관해서는 의견 불일치가 있었다. 이 문제의 심각성을 깨달은 한 공무원이 이 문제를 논의하기 위해 소셜 미디어를 통해 다양한 집단들을 초대했지만 아무 반응도 얻지 못했다.

2012년까지 렘방의 두 활동가 밍밍 루끼아르띠, 바스코로 베씨는 그 공무원과 함께 켄덩 산악 지대의 채굴 공장 건설 계획에 대해 우려하고 있었다. '지역 계획에 대한 지방법 14/2011'에 의하면, (시멘트 공장 예정지인) 와뚜 푸띠는 보존 지역이었다. 센당물요 마을 지역만 제한하고 술루케 구에 대규모 공장을 허가했으니 법률을 위반하는 것이었다. 건설 계획에 의하면, 건설지의 절반 이상이 산업 지역이 아닌 블림빙 마을에 위치해 있었다. 이때부터 이들은 행동을 취하기로 했다. 게다가 켄덩 산악 지대의 해당 지역 주민들에 대한 지원도 언급되어 있었다(2014년 1월

8~10일 바스코로와의 인터뷰에서). 밍밍, 바스코로, 그리고 자연보호재단KALAL Foundation의 활동가 두 명과 주민운동가 한 명이 주민들과 함께 시멘트 공장 건설 저지 시위를 하기로 합의하고 에너지부를 찾아갔다. 그러나 나오기로 한 시간에 마을 사람들은 나오지 않았다. 그래도 합의된 결정에 따라 행동은 계획대로 진행되었다. 바스코로가 '케바야'(자바 전통 블라우스)를 입고 참여한 이 시위는 당시 악시 베르리마(5인조 활동)로 기록되었다.

2013년 2월 13일 수요일에 주민들과 활동가들이 환경연구소와 에너지부와 함께 공청회를 열었다. 렘방 군과 중앙자바 주의 '공간과 지역 계획에 관한 지역 규제 법규 6/2010'의 위반 여부를 질문하기 위한 자리였다. 공청회 후, 시멘트 공장을 적극적으로 반대하는 지역 주민들은 살레구 사람들에게 채굴의 영향에 대해 적극적으로 알렸다. 더 나아가 이들은 '키아이kiai' 즉 그 지역 종교 지도자의 지지도 받게 되었다. 또 2013년 3월 27일 타힐란Tahlilan(부탁Butak 산 일대 이슬람 주민들의 기도식) 동안 구넘구의 테갈도워 지역 주민들이 더 많이 참여하게 되면서 새로운 돌파구가 마련되었다. 그로 인해 채굴의 부정적 영향에 대한 지역 사회의 인식이 크게 확대되었다(2015년 1월 9~10일 바스코로와의 인터뷰에서).

이 문제를 검토하기 위해, 마을 대표들은 시멘트 공장의 잠재적 영향을 평가하는 비교 연구를 하러 투반Tuban에 갔다. 그렇게 해서, 이들은 수자원 감소, 먼지, 농업 생산량 감소, 질병 증가, 성병 확산과 같은, 광산과 공장의 유해성에 대해 알게 되었다. 시멘트 공장 건설이 시급하다는 주장을 반박하는 자료 수집에 직접 나서기도 했다.

2013년 4월 17일 대통령에게 항의서를 전달하는 등 지역 사회의 노력은 계속되었다. 그러나 2013년 말까지도 지방정부, 주정부, 중앙정부는 지역 사회의 항의에 전혀 관심을 기울이지 않았다. 그러나 성과도 있었다. 테갈도워 마을 주민들이 팀브랑안 주민들을 설득해 시멘트 공장 건설 저지 운동에 동참하게 했다. 이때가 그 지역 사회에 그리고 팀브랑안 마을에 중요한 순간이었다. 재임 중인 촌장에 대항해 새 촌장 후보자를 지명함으로써 마을 행정을 장악하기 위한 전략이 세워졌다. 마을 주민의 약 70%가 새 후보자에게 표를 던졌다.

반면, 술루케 구청장인 마르디안토는 렘방과 블로라의 주민 모임에서 시멘트 공장 건설을 지지한다는 입장을 밝혔다. 2014년 1월 초, 회사는 시멘트 공장을 반대하는 주민도 있지만 공장이 생기면 숙련공들뿐만 아니라 저학력 블루칼라 노동자들에게 좋은 일자리가 생기리라는 기대에 시멘트 공장을 찬성하는 이들도 있다며, 공장과 광산 인근 지역 노동력의 60%를 공장이 흡수할 것으로 예상한다고 발표했다.

주민들이 대규모 행동을 벌이기로 계획한 6월 16일이 되기 보름 전에, 이 운동에서 이정표가 되는 중요한 사건이 일어났다. 젊은이들이 저항의 상징으로 카르티니를 따라 하자고 제안한 것이다. 여성 교육의 장을 열어 운동을 시작한 카르티니처럼, 그곳 여성들도 '이부 페르티위Ibu Pertiwi'[3]를 위해, 즉 생명이라는 귀한 선물을 주는 땅을 위해 투쟁하고 있으니 말이다. 처음에 이 평화 시위에 동참한 여성은 15명도 채 안 되었다 (2015년 1월 9일 야니와의 인터뷰). 가족의 미래가 달린 결단을 내리도록 다른 여성들을 설득하려는 노력은 가게, 집 앞, 밭에서 일상적인 대화에서부터 시작되었다. 여성들은 공장 건설의 장점에 대해 먼저 이야기했다. 그러나 공장 건설이 환경에 미치는 악영향이 더 클 것이며 마을에서 분란과 갈등을 일으킬 것이라며 자기 견해를 밝혔다. 그리고 HIV/AIDS 확산에 대한 두려움도 이야기했다.

3 이부 페르티위는 모국, 조국, 땅을 뜻하는 말이다.

시멘트 공장 입구에 세운 천막

2014년 6월 16일, 테갈도워와 팀브랑안 마을의 여성 약 70명이 저항의 상징으로 천막을 치는 평화적인 행동을 함께 시작했다. 당국(경찰)과의 협상 후에 사태는 교착 상태에 빠졌으며, 지역 사회를 대신해 주민 대표가 제기한 질문, 즉 공장 설립을 허가한 주정부는 '공간과 지역 계획'법을 위반한 것이 아닌가에 대해, 그리고 환경 영향 분석의 문제점에 대해 뚜렷한 답변을 듣지 못했다. 그 평화 시위 후 공권력 사용에 대한 논란이 일어났다. 시위 진압으로 부상자가 생겼고 그중 두 명이 혼수 상태에 빠졌기 때문이다. 그리고 야니 등 7명이 경찰에 체포되었다. 그러나 여성들은 "중장비를 철수하고 켄덩에서 채굴이 취소되기 전까지는 천막을 떠나지 않겠다"며 버텼다(2015년 1월 9일 수티나와의 인터뷰).

2014년 6월 19일, 여성들은 공무원들과 만나기로 했다. 여성들이 렘방의 임시 군수 압둘 하피즈를 공장 건설 현장으로 데려갔다. 그때 다른 곳에서는 중앙자바 주 주지사 간자르 프라노워가 공청회를 열어서 주민

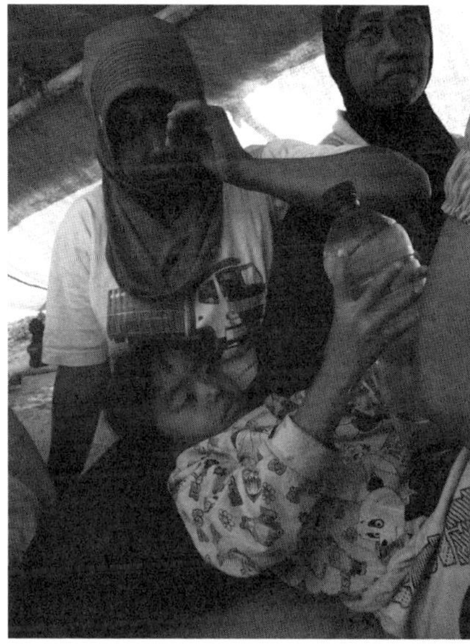

천막 안의 여성들과 자녀

대표가 탄원을 할 수 있는 자리를 마련했다. 주지사는 마을 주민들이 행정법원에 소송을 제기해서 허가 문서에 결함이 있는지 검토하게 하라고 말하기도 했다. 만일 환경 영향 평가가 부적절하고 왜곡되었다면 주지사가 바로잡겠다고 지역신문(『수아라 메르데카 신문』 2014년 6월 17일)에서 공언하기까지 했다. 그로부터 얼마 지나지 않은 2014년 7월 1일에 지질기상청장이 중앙자바 주 주지사에게 권고서(331/05/BGI/2014)를 보냈다. 대통령령 26/2011에 근거해, 켄덩 산악 지대의 와뚜 푸띠Watu Putih는 인도네시아 지하수역groundwater basin에 속하는 것이니 채굴을 취소하라는 내용이었다.

대중 운동, 특히 여성들이 주도하는 저항 운동은 렘방과 주변 지역 종교 지도자들의 후원에 힘입어 강화되었다. KH 아흐메드 무스타파 비스리KH Ahmad Mustafa Bisri(Gus Mus)는 렘방뿐만 아니라 인도네시아 전역에서 일어나는 채굴의 환경적 영향을 고려해야 한다고 설파했다. 2014년,

여성들이 기거한 천막 내부

7월 20일자 『수아라 메르데카 신문』에서, KH 아흐메드 무스타파 비스리는 렘방에 광산과 시멘트 산업이 없어도 이미 물 공급이 심각한 문제임을 강조했다. 여성들도 공장 지대를 점거하는 것이 자녀와 손자손녀를 위한 행동이고, 환경과 수원지, 농부들의 생계 수단을 위한 행동이라는 데 동의했다. 이를 지지하지 않는 종교인들도 있었는데 어떤 젊은 '키아이'는 라마단 기간을 지켜야 한다는 이유를 내세워 여성들은 공장 터에 세운 천막을 떠나야 한다고 주장하기도 했다.[4] 그러나 여성들은 그의 명령을 무시하고 남아 있기로 했다.

2014년 11월 26일 새벽 6시경, 여성 노동자들이 진입로를 막아 차량, 공장 직원, 중장비가 들어오지 못하게 했다. 한 시간 뒤, 큰길 한가운데까지 북소리와 함께 "템방 이부 페르티위Tembang Ibu Pertwi(조국의 노래)"의

---

4 2015년 1월 10일에 한 인터뷰에서.

노랫가락이 울려 퍼졌다. 여성들은 어머니 대지에 더는 상처를 주어서는 안 된다고 사람들을 설득했다. 시위자들을 해산시키려는 경찰에게 여성들은 공장 건설을 멈추면 해산하겠다고 말했다.[5] 일곱 시간 후 천막에서 나오기로 경찰과 여성들이 합의했는데 두 시간이 지나자 중장비와 트럭들이 공장에 다시 들어왔다. 여성들은 애초의 합의를 깨뜨린 당국에 크게 분노했다. 그 후로 공장 지대의 출입이 제한되었고 지역 신분증을 소지한 주민들만 시위자들의 천막이 있는 곳에 들어갈 수 있었다. 며칠 후, 경찰력과 회사 보안 요원들이 배치되어 보안은 더욱 강화되었다.

공장 터뿐만 아니라 스마랑 시에 있는 주 행정법원 앞에도 천막을 쳤다. 2014년 12월 17일, 렘방 여성 서너 명이 광산 때문에 수자원을 잃고 싶지 않다며 밤샘 농성을 했다. 렘방 주민들은 농부로서 만족스러운 삶을 살고 있으며 어머니 같은 땅을 지키고 싶다는 것이 이들의 주장이었다.

저항 운동의 행위 주체들

여성들의 행위주체성

시멘트 공장 반대 운동에 여성들이 등장하면서 운동은 새로운 국면을 맞이했다. 여성이 앞장선 것은, 폭력을 초래하지 않도록 시위 최전방에 여성들을 세우자는 주장에서 비롯되었다. 그 주장은 남성은 공격적이고 강한 행동을 취하는 경향이 있는 반면 여성은 온화하다는 관점에 기초를 둔 것이다. 여성들의 투쟁의 의미를 되살리는 카르티니는 저항의 최전선에 선 여성들에게 중요한 상징이었다. 같은 지역의 여성을 롤모델로 갖는 것은 의미 있는 일이었다. 식민지 시대 때 카르티니가 여성의 교육 기

5 2015년 1월 15일자 LBH 기록.

시위 상징물

회 박탈을 비판하고 평등 교육을 요구하기 위해 펜을 사용했다면, 이들은 지역 사회의 이익을 위해 여성들이 최전방에 서야 한다는 메시지를 전하고자 했다. 그 메시지가 분명하게 표현된 것은 아니었지만 시멘트 공장 건설을 반대하는 젊은이들이 카르티니를 언급하게 만들었고 여성들이 최전방에서 제 몫을 해야 한다는 의미로 전달되었다. 돌이켜보면, 2012년 초에 시민 사회가 광산 반대 운동을 전개할 때 카르티니의 재해석이라고 명시적으로 언급하지는 않았지만 자바 여성의 상징을 활용했다는 것이 흥미롭다.

광산을 반대하는 주민 대변인 중 한 명인 수키나Sukinah는 테갈도워에 사는 농부였다. 1977년에 태어난 그녀는 진중한 얼굴과 목소리를 가졌으며 이 마을 여성들의 정신과 생각을 분명히 잘 전달한다고 평가받고 있었다. 도시에 나가 몇 년간 일하다 고향으로 돌아와 농부가 된 수키나에게 시멘트 광산 저지는 농부들과 그 가족, 그리고 지구를 지키기 위한, 사활을 건 투쟁이었다. 켄덩 산악 지대 사람들 대다수가 농업에 의존하기 때문에 이 지역에서 많은 사람이 광산 반대 운동에 참여했다. 농민들은 켄덩 카르스트 산의 풍부한 물과 비옥한 토양 덕에 이모작 쌀 재배를 하고 그 사이 다른 곡물과 채소를 기르며 생계를 꾸려나갈 수 있었다. 이곳은 수세대에 걸친 주민들의 삶의 터전이었다. 그러므로 시멘트 공장 건설 반대는 생계 파괴를 막는 일이었다. 또한 자연의 수호자라고 여겨지는 여성들이 땅을 지키고자 한 투쟁이기도 했다.

> 자연, 산, 그리고 땅 위의 모든 것이 어머니 대지예요. 반드시 지켜야 하는 어머니 대지입니다. 채굴로 약탈당해 대지가 훼손되면 여성의 생명도 훼손되는 것이죠. 솔직히 말해, (저는 무슬림이기는 하지만) 코란을 외우지는 못해요. 그러나 나는 [자연 보호의 중요성에 대해] 배웠습니다. 우주와 그 안의 모든 것들이 참된 스승이라고(2015년 1월 9일 수키나와의 인터뷰).

시민 모임을 조직하려는 여성단체 대표들과 함께, 수키나는 여러 사람들에게 자연과 공존할 수 있다는 희망, 따뜻한 마음을 전파하는 역할을 열심히 해왔다. 그녀는 주민 대표로서 대통령 조코 위도도Joko Widodo(취임하기 전의) 등 정책 결정자들에게 로비를 했고, 지역 차원에서 그리고 더 높은 차원에서 다양한 운동에 참여했다. 또 다른 중요 인물로 야니Yani가 있다. 그녀는 젊고 직업 교육을 받은데다, 공장 반대 운동은 시민권 투쟁이라는 것을 설득하는 데 탁월했다. 그러나 처음부터 반대 운동에 참여한 것은 아니었다.

> 처음에 시멘트 공장 건설 계획을 들었을 때 기뻤어요. 나중에 공장에서 일할 수 있겠다는 생각이 들었거든요. 그래서 처음에는 왜 사람들이 반대하는지 몰랐어요. 그런데 나중에 수자원 파괴, 농업의 파괴, 먼지 등 환경 오염 물

질의 심각한 위험성이 있다는 걸 알게 되었죠. 상상만 해도 몸서리쳐지더라고요. 그래서 광산 반대 운동에 참여하기로 결심했어요(2015년 1월 9일 인터뷰).

야니는 지역 모임에 참석하고 역할을 맡음으로써 지역 사회에 참여하게 되었다. 그 당시에 참여하는 여성들은 극소수였다. 지역 모임에서 여성들의 역할은 점점 중요해졌으며 시위 참가자들은 여성들이 시위대 최전방에 있으면 폭력으로 이어지지 않는다는 것을 알게 되었다. 2014년 6월 16일, 6명이 체포된 시위에서 야니도 체포되었다. 배후자로 밝혀진 수키나가 잡히지 않았기 때문에 야니는 그때 체포된 유일한 여성이었다. 야니는 능력 배양 과정을 통해 비판 의식도 키우게 되었다. 그녀는 예전에 법률구조단체가 주관한 법률가 보조원 교육을 받은 적이 있었다. 그래서 주 행정법원에 소송을 제기하고 뒤이어 당국의 폭력을 고발할 때, 주민 조직화에 결정적인 역할을 했다. 그녀가 다른 주민들에 비해 상대적으로 교육을 많이 받은 것은 지역 지도자로서 입지를 굳히고 능력을 인정받는 데 확실히 도움이 되었다.

수키나와 야니 외에도, 주민 저항 운동에 참여한 여성들은 다양한 역할을 했다. 벅 나르티, 무와르티, 술라스미 등 많은 여성이 여성으로서(주로 주부로서), 마을 주민으로서, 또 농부로서 삶을 꾸려나가는 것은 다른 농촌 여성들과 다르지 않다. 그러나 다른 점은 아무리 작을지라도 사회 변화를 이루는 데, 특히 시멘트 공장 건설을 반대하는 데 참여하면서 얻은 시민 의식이다. 약 100여 명의 여성이 시멘트 공장 철폐를 요구하기 위해 시위, 정치적 집회 같은 일련의 활동, 소송, '이스티가사*istighasah*'(특정 목적을 위해 기도하는 이슬람 기도회) 같은 문화적 상징을 활용한 활동에 참여했다.

일주일에 한 번, 여성들은 시멘트 공장 건설 현장 앞에 세운 시위 천막을 교대로 지켰다. 지역 사회 저항의 상징이 된 이 천막은 테갈도워와 팀브랑안 마을에서 5킬로미터 떨어진 곳에 있었다. 대부분의 길이 망가진 데다 밤에는 밭과 숲에 사람이 없었다. 일주일에 한 번씩, 이 여성들은 남녀 모두가 참석하는 다양한 장소(주로 팀브랑안에서)의 정기 모임에도 참석했다. 이러한 모임을 통해 저항 운동이 성장했다. 마침내 여성 대표들은 발언할 기회를 갖게 되었지만 발언한 여성의 수는 남성에 비해 현저히 적었다. 2시간 가까이 지속되는 모임에서 저항 운동의 성과와 문제점을 돌아보고, 서로를 응원하며, 여성들이 더 많은 공적 역할을 수행할 수 있도록 함께 공부하는 자리를 만들기도 했다. 아이들을 데려오는 여성도 있었고 저항 정신을 표현하기 위해 '템방*tembang*'(노래)과 '게족 레숭*gejok lesung*'(절구 찧기) 같은 전통 예술을 행하는 특별 임무를 맡은 연로한 여성들도 있었다. 그러나 다들 일하느라 바빴기 때문에, 모든 마을 주민이 모임에 참여하고 역할을 맡은 것은 아니었다.

대부분의 여성은 초등교육만 받았으며 13～14세에 결혼을 했다. 여성들의 평균 학력이 중등교육으로 올라가면서, 여성의 평균 결혼 연령은 16세가 되었다. 이 사례에서 주민들이 운동에 참여하도록 주민들의 의지와 지원을 이끌어 내는 역할에서도 여성의 주체성이 드러났다. 즉, 밭에서 농사짓고 아이들을 먹이고 장보는 일상적인 활동을 하면서, 단순한 일상 용어로 왜 시멘트 산업을 저지해야 하는지 설명하고 납득시키는 역할을 한 것이다. 이 여성들은 충분한 정보를 얻지 못하는 주민들이 있다고 말한다. 무관심한 이들도 있고 운동에 참여하거나 다른 이들을 설득하고 싶어하지 않는 이들도 있다. 그러나 반대 운동에 대한 지지가 커지는 것만은 사실이다. 한 예로, 팀브랑안 마을은 처음에 약 20명의 여성만 참여했는데, 전에는 시멘트 공장 건설을 지지하던 여성들이 반대 입장으로 돌아서기도 하고 무관심했던 이들도 참여해 반대 운동에 참여하는 이들은 현재 계속 늘어나고 있다. 그러나 주민과 시민 사회가 거세게 저항하는 동안에도 공장 건설은 계속 진행되고 있다.

운동에 참여하는 여성들은 몇 가지 과정을 겪으면서 동시에 사회 문제에 대해 비판적인 인식을 가지게 된 것으로 보인다. 술라스미와 무와르티는 투쟁은 자신들에게 올바른 선택이고 전혀 잘못된 게 아니기 때문에 이제는 경찰이 두렵지 않다고 가볍게 말했다. 나르티도 경찰을 비난하며, 포스터와 물품 준비를 도와준 예술가 단체의 입장을 지지한다고 했다. 이 여성들은 투쟁을 통해 자신이 가진 능력, 즉 새로운 의미를 부여하고 협상하고 반론을 제기하는 능력을 발휘함으로써 변화의 새 방향을 제시하는 역할을 했다.

남성들의 기여

운동에 참여하는 여성들이 늘어나고 여성들이 점차 많은 역할을 하게 된 데에는 남성들의 노력이 기여한 바도 있다. 앞서 언급했듯이, 처음에 여섯 명의 젊은 활동가가 시멘트 공장 반대 운동의 선구자가 되었다. 이들은 처음으로 지역 사회 조직화의 구심점이 되었으며, 농업 생계에 지장을 주고 환경을 훼손하는 것과 같은 주요 문제들을 제기했다.

주민 저항 운동 이야기가 나오자, 젊은 활동가들과 NGO 활동가들은 시멘트 공장과 광산 반대 시위를 몇 차례 벌였는데 그것이 주민들의 비판 의식을 고취시켰다. 조직화를 하면서, 토론을 통한 학습, 투반Tuban의 시멘트 공장 주변 지역의 비교 연구, 일련의 모임, 시위도 하게 되었다. 처음에 저항 운동은 테갈도워 마을에서 시작되었지만 현재 가장 적극적인 운동을 벌이는 곳은 팀브랑안 마을이다. 이 마을에서 운동은 '루쿤 테탕가Rukun Tetangga'(인도네시아의 최소 행정 단위. 10개 이상의 가구가 하나가 루쿤 테탕가를 구성한다)를 기반으로 하며, 마을 지도자를 포함해 폭넓은 지지를 얻고 있다.

처음 이 마을에서 젊은이들의 활동을 주도한 이들 중 하나가 조코 프리안토인데 그는 저항 운동의 의제를 세운 핵심 인물이다. 프리안토는 한때 자카르타로 이주했다가 다시 농촌으로 돌아온 남성으로 대인 관계에 뛰어났다. 저항 운동의 전략을 짤 때, 사람들은 그에게 조언을 구한다. 주민 포럼에서도 프리안토는 묵묵히 중요한 역할을 했으며 우리가 인터뷰한 여성들이 가장 많이 언급한 것도 그의 이름이었을 정도로 그의 영향력은 막강하다. 남성들도 여성 운동에서 카르티니가 얼마나 상징적인 인물인지에 대해 많이 이야기한다.

팀프랑안의 또 다른 주요 인사는 팍 이즈이다. 처음에 그는 주민들의 지지를 얻는 임무를 맡은 시멘트 공장의 책임자였다. 그의 역할은 공장에 대해 좋은 인상을 주기 위해 주민들에게 음식을 나눠주고 공장 건설 동의안을 받아내는 것이었다. 그러나 타힐란 광산의 위험성에 대한 토론을 거치면서 공장 건설에 반대하게 되었다. 현재 팍은 저항 운동의 핵심 인물이 되었으며 그의 집은 팀브랑안 마을 모임 장소로 제공되고 있다.

매주 정기 모임이나 일주일에 한 번씩 하루 종일 천막을 지키는 지역별 정규 활동과는 별도로, 두 마을 여성들은 한 번에 며칠씩 집을 떠나 주도州都에서 시위와 소송을 벌이는 다양한 활동들을 접하게 되었고 직접 참여하게도 되었다. 이러한 활동들은 남녀 관계와 역할 분담에 변화를 주었다. 가정에서 남성이 요리, 육아, 청소 등 가사 노동을 하게 되었다. 광산이 생기기 전에 그런 일들은 여성만의 의무이자 책임으로 여겨졌다. 남자들은 아내가 천막을 지키러 갈 때에도 적극 지원했다. 아내를 천막에 데려다주고, 저항 운동을 하는 아내를 지지하고 응원했다. 이렇게 해서 남자들도 이 운동에 적극적으로 가담하게 되었다. 그러나 가정 내 역할 변화가 늘 쉬운 것은 아니었다. 여성이 공적 영역에 더 많이 참

단체 여성 활동가의 일상

여해도 집안일을 책임지는 것은 여전히 여성의 몫이었다. 그러나 이러한 변화는 켄덩 남성들이 여성들과 함께 변화를 일궈가는 과정을 보여준다.

지역 시민 사회의 역할

이 운동에 대한 대략적인 설명에서 말했듯이, 문제를 처음 공론화한 것은 시민 사회였다. 시민단체 활동가들이 렘방 켄덩 산악 지대의 지역 사회 네트워크에 모였다. 운동의 가장 중요한 토대는 시멘트 공장 건설의 직접적인 영향을 받고 위험에 노출된 주민들임을 지역 NGO 활동가들이 깨달았다는 점은 주목할 만하다. 그런 인식에 기초해서 주민들과 여성들을 조직하고 이들의 역량을 강화하기 위한 교육을 제공했다. 처음부터 이 문제를 지켜본 일부 지역 NGO 활동가들은 여성들이 기술을 갖추고, 지역 사회가 전국적·지역적으로 연결되고, 중앙정부, 준정부기관(예를 들면 국가인권위원회와 국가여성위원회), 매스미디어, 시민단체 등 다양한 전략적 파트너와 관계를 맺도록 격려하면서, 지역 사회의 내적 역량 강화를 도모할 수 있는 기술도 갖고 있었다. 그러나 시민 사회는 단일 조직이 아니며 앞으로 더 다양해져야 한다. 여기서 제기되는 문제는 저항 운동에서 여성의 주체적 행위성을 고무하기 위해 시민 사회를 어떻게 활용하는가이다.

시멘트 공장 반대 운동의 여성 주체 분석

앞에서 논의했듯이, 렘방 광산 저지 운동에서 여성 주체의 특성은 다음과 같다.

첫째, 여성들은 기존 체계에 도전하고 돌파할 용기를 가졌다. 2014년 6월, 천막을 쳤을 때 여성들은 남성도 켄덩 지역 대표에 참여하셨냐는 요구를 과감히 받아들였다. 가사, 농사, 가족 돌보기에만 익숙했던 여성들은 지역 조직 활동, 시위, 소송이라는 새로운 분야를 접하고 그것을 즐겁게 하기 시작했다. 앞으로 연구해야 할 것은 수하르토Haji Mohammad Suharto 치하 신질서 시기[6] 운동사에서 드러났듯이, 식민지 시대와 독립 초창기가 여성 주체와 어떻게 연결되는가 하는 것이다. 여성의 역할은 무시되었고 가정 영역으로만 제한되었다. 여전히 남성이 지역 모임, 의제 설정을 주도하고, 운동에서 발언하는 여성 수가 극히 적은 것을 보면 알 수 있듯이, 실질적으로 여성들은 남성들을 다 따라잡지는 못했다. 그러나 이는 여성들이 새로운 도전을 받아들일 용기가 없다는 뜻은 아니다.

둘째, 여성들은 성별 규범과 역할을 운동에 활용하기도 했다. 여성은 온화하고 다정하다는 인식을 시위에서 이용했다. 이제 여성들은 공장에서 시위를 막는 남성 경찰들에 대항하는 수단으로, 금기시되던 성性에 관한 용어들도 능수능란하게 쓰고 있다. 2014년 6월 16일 첫 시위에서, 경

6 신질서 시기란 인도네시아 2대 대통령 수하르토의 통치 기간(1965~1998)을 말한다.

찰들의 성폭력 문제는 공식적으로 논의할 수 없었지만 곧 켄덩 여성들은 섹슈얼리티와 성폭력에 대해 언급하기 시작했고 섹슈얼리티에 관한 것이 이제는 일상 용어가 되었다.

셋째, 지역 저항 운동을 적극 후원하는 시민 사회 같은 외부 관계자뿐만 아니라 지역 차원에서 남성 단체와 긴밀히 연결되었고, 마을 차원에서 정부와도 연결되었다. 여성들은 여성 특유의 '유대감 형성 능력'이나 다른 여성과 친밀한 관계를 잘 맺는 능력을 발휘한 것만이 아니라, 다른 단체들, 특히 남성 단체와 시민 사회와 네트워크를 형성하는 능력을 보여주었다. 그러나 연구 과제로 남는 것은, 여성의 목소리가 여전히 무시되고 있는 상황에서 공공 영역, 특히 정치적 의사 결정에서 여성의 '관계 형성 능력'이 얼마나 영향을 줄 수 있는가 하는 것이다. 팀브랑안 마을이 정부 지원을 얻는 데 성공한 것은 관계 형성 노력이 어떻게 작용했는지 보여주는 흥미로운 사례이다. 주민들은 시멘트 공장에 확실히 반대하는 후보자를 지지하면서 마을 선거를 적극적으로 활용하는 것으로 관계 형성에 노력을 기울였다.

넷째, 그 지역의 상징적인 인물을 여성 주체의 기초로 삼은 것이 전략적으로 주효했다. 즉 18, 19세기 인도네시아 해방 운동의 상징인 카르티니를 되살려 냄으로써 여성들은 중요하며 지역 저항 운동의 최전방에 서야 한다는 생각을 불러일으켰다. 옛 상징을 재해석하고 현 저항 운동에 새로운 의미를 부여하는 데 성공한 것은 신질서 시기에 카르티니로 대표되는 해방 정신과 생각이 억압됐던 것을 감안하면 매우 뜻깊은 일이다. 저항이라는 고정 관념에 맞서는 것이다. 이런 점에서, 지역 상징을 추구하는 것은 폭넓은 지지를 얻을 수 있는 기회를 더 많이 제공하는 전략적 선택이 되었다. 성 평등과 여성 리더십을 위한 운동은 서구를 모방하는 것이지 동양 문화권에 어울리지 않는다고 말하는 사람들이 많기 때문에 이 전략은 더욱 특별한 것이었다.

결론

시멘트 공장 건설에 반대하는 렘방 주민 운동 속에서 여성 억압에 저항하는 운동 또한 나타났다. 어머니 같은 대지를 보호한다는 표현은 함축적인 것이다. 산업 계획에서 여성은 대상으로만 취급되고 이 지역의 자연 또한 착취 대상으로만 여겨졌다. 그래서 여성의 경험은 의사 결정에서 중요하게 고려되지 않는다. 광산과 시멘트 공장에 대한 저항은 환경을 보호하기 위한 행동이다. 여성들은 평등과 인간애라는 가치뿐만 아니라 자연에 애착을 가지고 있다. 엄밀히 말해, 생계 수단인 자연이 기업의 착취 대상이 되어서는 안 된다. 그런 점에서 렘방 여성 운동의 선택은 상식에 기초한 주체 행위라고 할 수 있다.

테갈도워와 팀브랑안 여성들이 2014년 6월 16일 세멘 인도네시아 공장 등에 천막을 친 뒤로 300여 일이 지났다. 이 천막은 테갈도워와 팀브랑안 마을 주민들의 저항의 표지가 되었다. 물론 사회 역동성social dynamics은 계속 이어질 것이다. 이 운동에서는 여성 주체 모델의 구축에서 한계를 보여주었지만 렘방의, 더 나아가 인도네시아의 여성 주체의 모델을 찾아 구축하는 연구가 더 이루어져야 한다. 또한 시멘트 공장 반대 운동에 참여한 여성들의 주체적 행위성을 지지한 시민 사회의 역할에 대해서도 앞으로 더 많은 연구가 필요하다.*

---

* 이 글에 대한 아이디어를 나눠주거나 초고를 보고 논평을 해준 다티 파티마, 아미나툰 주배다, 데신타 드위 아스리아니에게 진심으로 감사드린다. 실수가 있다면 전적으로 저자들의 책임이다.

참고 문헌

Aziz, M. (2012), "Identitas kaum samin pasca kolonia pergulatan negara, agama dan adat dalam pro-kontra pembangunan pabrik semen di Sukolilo, Pati, Jawa Tengah [Samin's identity in post-colonia : Strugle of state, religion and customs in pros and cons of the cement plant construction at Sukolilo, Pati, Central Java)," *Journal Kawistar, 2*(3): 252-263. Retrieved from http://publikasi.pasca.ugm.ac.id/files/jurnal/Kawistara-Vol.2-No.3.Desember.2012.pdf

Badan Pusat Statistik Kabupaten Rembang [Statistics Indonesia of Rembang Regency] (2012), *Rembang dalam angka tahun 2012* [*Rembang in figures 2012*]. Retrieved from http://www.rembangkab.go.id/index.php/publikasi/rembang-dalam-angka

Pabrik semen Indonesia siap dibangun [Indonesian cement plant is ready to be built]. (2014, June 17). *Suara Merdeka Newspaper*. Retrieved from http://suaramerdeka.com/VI/index.php/read/cetak/

Saputra, B. E. (2014), "Perjuangan rakyat Kabupaten Rembang pada masa agresi Belanda II [Rembang's people strugle in the Netherlands aggresion II]." *Journal Education*, 9(1): 5-70.

Shiva, V., M. Mies, & K.L. Ismunanto (2005), *Ecofeminism: Perspektif gerakan perempuan dan lingkungan* [*Ecofeminism: Women's movement and environmental perspective*]. Yogyakarta: IRE Press.

Soal polemik semen, pemerintah harus tegas [Cement polemic, Indonesian government must be firm]. (2014, July 20). *Suara Merdeka Newspaper*. http://www.suaramerdeka.com/VI/index.php/read/news_muria/2014/07/20/210233/

Walby, S., J. Towers, & B. Francis (2014), "Mainstreaming domestic and gender based violence into sociology and the criminology of violence," *The Sociological Review*, 62(S2): 187-214. DOI: 10.1111/1467-954X.12198

10 정의를 추구하는 인도와 방글라데시 달리트 여성

자야 시리바스타바, 랑가비 탄창야

개요

남아시아의 인도와 방글라데시는 독립된 이웃 나라이지만 두 나라 모두 인도 아대륙에 있으며 영국 식민지였던 역사를 공유한다. 두 나라는 사회적으로, 문화적으로 디크디고를 한다. 인도인들은 주로 엄격한 카스트 제도를 인정하는 힌두교를 믿으며, 방글라데시인들 대부분은 인간은 본래 평등하다고 말하는 이슬람교를 믿는다. 이런 엄연한 종교 차이에도 불구하고 두 나라에는 '달리트Dalit'라 불리는 집단이 있으며 이들은 아직까지도 심한 차별, 착취, 소외를 당하고 있다. 카스트에 따른 혈통, 계급, 주거지 분리 등 다양한 억압과 박탈을 겪는다. 달리트 여성들은 카스트 때문에 차별과 억압을 당하는 데다 여성이라는 이유로 극심한 폭력도 당한다. 인도와 방글라데시의 달리트 여성들은 가장 억압받고 소외당하고 있다. 이 글은 달리트 여성에 대한 폭력과 맞서 싸우고 이들의 전반적인 지위 향상을 위해 노력하는 달리트 여성단체인 인도의 '달리트 마히라 사미티Dalit Mahila Samiti'와 방글라데시의 '방글라데시 달리트 여성연합Bangladesh Dalit and Excluded Women's Federation'의 사례들을 살펴본다. 우리는 이 단체들의 목표, 전략, 활동, 성과, 한계 그리고 강한 국제 네트워크를 통해 이 단체들을 강화하는 문제를 논의함으로써, 인도와 방글라데시의 달리트 여성의 인권을 보호하고 이들의 역량을 강화하기 위한 이 단체들의 활동의 효율성을 높이고자 한다.

서론

먼저, 달리트는 누구이며 사회에서 어떤 지위에 놓여 있는지 살펴보자. 현재 대중적으로 사용되는 말인 '달리트(억압받는 자, 짓밟히는 자, 파괴된 자)'에 해당하는 집단은 인도에도 방글라데시에도 있다. 사실 달리트라는 말은 예전부터 있었다. 인도에서 달리트는 두 가지 뜻으로 사용되는데 하나는 '불가촉천민'이라 일컫던 카스트를 말하는 것이고, 다른 하나는 억압받는 모든 이들이라는 더 큰 범주를 가리키는 것이다. 인도 사회개혁가 암베카 박사Dr. B.R. Ambedkar는 '불가촉천민' 카스트의 원 조상을 지칭하기 위해 '달리트'를 영어로 번역하면서 '파괴된 자broken men'라는 용어를 택했다. 달리트 팬더Dalit Panthers라는 이름의 인도 달리트 젊은이들의 운동단체는 1973년 선언문에서 지정 카스트scheduled castes, 지정 부족scheduled tribe, 토지 없는 가난한 소작농, 여성, 정치적·경제적으로 억압당하고 착취당하는 사람들, 그리고 종교의 이름으로 학대받는 모든 이를 언급할 때 달리트라는 용어를 사용했다(Kumar, 2009: 65-66). 요즘은 달리트라는 말이 이전의 불가촉천민만을 지칭하며 그 말 속에는 그들의 공동체와 정체성이 함축되어 있다. 이런 맥락에서 자기 자신을 달리트라 칭하는 것은, 불가촉천민이지만 점점 억압을 자각하고 평등과 정의를 주장하고 싸우려 한다는 저항적 의미를 가지게 되었다. 이제 달리트는 낙인 찍힌 대상에서 시민으로 변하고 있다(Rao, 2009). 반면 방글라데시에서 '달리트'라는 용어는 최근 들어 사용되기 시작해 아직 잘 알려지지 않았다. 전에는 벵골어로 앤토지antoj라고 불렀다.

인도와 방글라데시에서 달리트 대신 쓰는 말들이 있는데 안티야지antyaj/앤토지antoj(제일 끝에 있는 사람), 최하층민, 찬달chandals, 아추트achhuts(불가촉), 나마슈드라namashudras, 하리잔harijans(신의 아이들이라는 뜻. 간디는 달리트를 하리잔이라 불렀다) 같은 다양한 명칭이 각각 다른 시기에 쓰였다. 인도에서 달리트를 지칭하는 가장 대중적인 용어는 지정 카스트scheduled castes인데 이것은 행정상의 범주이다. 인도 헌법에는 이들에게 보호와 복지를 제공하기 위한 특별 조항이 만들어져 있는데, 그와 같은 혜택을 받는 대상으로 지정되어 있는 카스트를 지정 카스트라고 하는 것이다. 달리트는 차마르chamar(가죽 세공인), 두사드dusadh, 돔dom과 같은 많은 카스트로 이루어져 있다. 이들은 사회 계급에서 가장 낮은 지위에 있다.

이들을 부정하다고 여기는 관습을 포함해 인도 달리트의 근원은 카스트 제도에 있고 그것은 힌두교의 중요한 특성이다. 힌두교는 카스트 제도를 받아들이고 신성하게 여긴다. 또 그런 계급 제도는 사회가 매우 경직된 위계 구조를 가지고 있음을 보여준다. 이 같은 체계에 의하면 힌두 사회는 여러 바르나(varna 층)로 나뉜다. 카스트는 순수와 오염이라는 개념에 기초를 두고 정의되며, 순수한 존재는 높은 지위에, 순수하지 못한 존재는 낮은 지위에 놓인다. 이 사회 질서에 따르면, 관습적으로 또는 사회적으로 너무도 불결해 힌두 바르나나 카스트 제도에 속할 수 없는 이들에게 오염되면 안 되기 때문에 이들을 만져서는 안 되며 멀리해야 한다. 이른바 불가촉천민은 불결하다고 여겨지는 고되고 천한 일을 한다. 이들은 모든 사회적·경제적·문화적·정치적 권리와 시민권에서 배제되었다. 이들은 사회적으로는 가장 열등하다 여겨지며, 경제적으로는 부富를 소유할 수 없고, 정치적으로는 의사결정권이 없다. 그리고 문화적으로도 소외된다. 이들은 다른 이들이 신성시하는 성지나 사원에 들어갈 수 없으며, 다른 이들이 사용하는 우물에서 물을 길어서도 안 되고 다른 이들과 함께 음식을 먹을 수도 없다. 사회에서 이들은 이렇게 심한 박탈과 수모를 당한다. 제일 심하게 학대당하고 배척되고 소외당한 사회 집단은 언제나 이들이었다. 카스트, 혈통에 대한 편견과 달리트 차별은 사회적 사실이다(Kumar, 2009: 64).

달리트와 마찬가지로, 여성들도 대대로 극심한 착취와 종속 속에 살아왔다. 여성은 사회적·종교적 질서에서 남성보다 훨씬 열등한 위치에 있다. 역사적으로 여성들은 재산을 갖지 못했고, 교육도 받을 수 없었으며, 의사 결정에 참여하지도 못했다. 여성들은 어려서는 아버지, 결혼하고 나서는 남편, 노후에는 아들의 명령에 따라야 했다. 가부장제가 여성들의 삶을 완전히 지배했다. 수세기 동안 여성들은 다방면에서 제도적인 차별을 겪었다. 그 결과, 독립 이후 정부가 시행한 법 개혁과 복지 정책에도 불구하고 아직까지도 사회에는 심한 남녀 불평등이 존재한다.

여성들의 지위가 다 똑같은 것은 아니다. 대개 달리트 여성들은 카스트와 혈통, 계급, 젠더로 인해 카스트 가장 밑바닥에 있으며, 사회적·경제적·정치적으로 착취당하고 억압받으며 지배당한다. 달리트 여성들은 달리트 남성과 마찬가지로 카스트와 혈통과 계급 때문에 차별당한다. 그러나 달리트 여성은 다른 카스트 사람들뿐만 아니라 달리트 남성들에게서도 차별, 착취, 억압을 당한다. 여성이라는 이유로 사회적으로(남성보다 열등한 취급을 당하고), 경제적으로(남성보다 낮은 임금을 받으며), 정치적으로(정치 참여 비율이 낮다) 더 많은 차별, 착취, 억압을 당하는 것이다. 인도 농촌을 관찰한 베다나야기P. Vedhanayagi는 "달리트 여성들은 매우 불쌍한 처지에 있다. 이들은 다양한 억압을 받으며 땅주인과 높은 카스트에게 잔혹한 대우를 받기 십상이다. 이들은 육체적으로, 정신적으로 폭력을 당한다"(Vedhanayagi, 2013: 196-197)고 썼다. 게일 옴베드Gail Omvedt는 달리트 여성들을 '달리트 중의 달리트', '짓밟히는 자들 중의 짓밟히는 자'(Manorama, 2008: 452에서 재인용)라고 표현한 바 있는데 카스트, 계급, 가부장제의 중첩은 달리트 여성의 위치를 그와 같이 만드는 데 큰 역할을 한다. 카스트,

계급, 젠더에 따른 착취, 종속, 배척을 극심하게 당하고 있는 달리트 여성은 예나 지금이나 사회에서 가장 고통받는 자의 위치에 있다.

달리트 여성이 인도 전체 인구에서 차지하는 비율이 상당하다는 점도 중요하다. 인도 총인구는 현재 약 12억 명으로 그중 달리트(지정 카스트)가 16%이다. 따라서 달리트 여성들은 인도 인구의 8%인 1억 2,800만 명이다. 대부분의 인도인은 힌두교도이지만 인구의 약 14%는 무슬림이다. 이 글에서 말하는 달리트의 비율은 힌두교 달리트만 포함한 것이다. 그러나 원칙적으로 이슬람교는 불가촉천민을 인정하지 않는데도 힌두교도과 무슬림 모두에게서 불가촉천민 취급을 당하는 무슬림 집단이 있다. 이들은 사회에서 극심한 차별을 받고 착취와 억압을 당하는데 불가촉천민 무슬림 여성들의 경우는 훨씬 더 심각하다.

아직도 인도의 많은 달리트 여성이 극빈자로, 사회에서 제일 소외된 집단으로 남아 있다는 것은 틀림없는 사실이다. 달리트 여성은 달리트 남성뿐만 아니라 '일반' 여성들 ('일반' 범주는 지정 카스트와 지정 부족 외의 인구를 일컫는 행정상의 범주이다)보다도 식자율이 훨씬 낮다는 것만 보아도 그 사실을 확인할 수 있다. 〈표 1〉은 인도 달리트 여성의 식자율이 '일반 여성'(8%)과 달리트 남성(18%)에 비해 훨씬 낮다는 것을 잘 보여준다.

실제로 달리트 여성들은 정부 복지 제도의 혜택을 많이 받지 못한다. 여성 운동과 달리트 운동에서도 달리트 여성들의 문제와 관심은 드러나지 않고 보이지 않는다. 그래서 1990년대 이후부터 달리트 여성들은 독자적이고 자율적인 노선으로 뭉치기 시작했다. 달리트 여성들의 독자적인 단체가 몇 개 생겨났고 그 덕에 달리트 여성들만의 목소리를 낼 수 있게 되었다. 그들 자신의 문제와 관심에 초점을 맞추기 시작한 것이다.

인도에 비해 방글라데시는 영토가 작고 인구(약 1억 5천만 명)도 적다. 1970년대 초에 분리 독립하기 전까지 방글라데시는 파키스탄에 속해 있

표 1. 인도 일반 대중과 지정 카스트의 남녀 식자율 (단위: %)

연도	일반		지정 카스트		지정 카스트 남녀 차이	일반 여성과 지정 카스트 여성 차이
	남	여	남	여		
1961	34.44	12.95	16.96	3.29	13.67	9.66
1971	39.45	18.7	22.36	6.44	15.92	12.26
1981	46.89	24.82	31.12	10.93	20.19	13.89
1991	64.1	39.3	49.91	23.76	26.15	15.54
2001	75.3	53.7	66.64	41.9	24.74	11.80
2011	80.9	64.6	75.2	56.5	18.7	8.1

비고: 마지막 두 세로단은 이 논문의 첫 번째 저자가 계산한 것임.

출처: 1961~2001년 자료는 인도 정부, 계획위원회(2008: 105); 2011년 자료는 일반등록 사무소와 센서스 위원회(2013)에서 가져온 것임.

었다. 파키스탄처럼 방글라데시도 무슬림이 주를 이루며, 힌두교도는 매우 적다. 방글라데시에는 달리트와 (사회에서) 배척당한 사람들이 550만 명 정도 있는 것으로 추산된다(Bangladesh Dalit Human Rights & Nagarik Uddyog, 2008). 이들은 방글라데시 64개 구에 흩어져 살고 있다. 달리트는 돔, 차마르(가죽 세공인), 카하르kahar, 콘달khondal, 앤토지, 나마슈드라 등 몇 개의 카스트로 구분된다. 이들은 사회적 종속, 박탈, 소외, 착취, 억압으로 큰 고통을 겪고 있다.

이슬람교는 카스트 제도를 받아들이거나 지지하지 않는다. 이슬람교의 윤리적·규범적인 틀에서는, 건드려서는 안 될 정도로 부정한 사람들이 있다는 것을 인정하지 않지만 부정하다는 인식에 제재를 가하지도 않는다. 달리트와 배척당하는 집단에 대한 편견은 힌두 카스트 제도에서 비롯되었으나 방글라데시 같은 무슬림 국가에도 깊이 배어 있다는 것을 볼 수 있다. 카스트 제도의 전통과 관행을 받아들인 무슬림들이 상당히 많기 때문이다. 인도와 마찬가지로, 방글라데시의 헌법에도 모든 시민은 법 앞에 평등하며 동등한 권리를 가지고 법의 동등한 보호를 받는다고 되어 있다. 또 정부가 종교, 인종, 카스트, 성별 또는 출생지로 차별하는 것을 금한다고 되어 있다. 그러나 인도와 마찬가지로, 카스트에 따라 사회적·문화적·경제적으로 차별하고 배척하는 것이 전국적으로 행해지고 있다. 달리트와는 함께 음식을 먹지 못하게 하는 관습이 여전히 강고하고, 도시와 농촌의 구분 없이 달리트는 경제적·정치적 기회, 교육 기회를 갖지 못하며, 달리트의 거주지는 따로 분리되어 있다. 무슬림이 대부분인 방글라데시에서도 달리트는 힌두 사회에서와 마찬가지로 배척, 박탈, 거부를 겪는 것이다. 인도처럼 방글라데시도 불가촉천민이라는 용어를 헌법으로 금하지만 이들은 여전히 불가촉천민 취급을 당한다. 방글라데시 헌법에 평등한 권리가 보장되어 있음에도 불구하고, 달리트는 만성 빈곤, 사회 문화적 박탈, 부정하게 여겨짐, 직업과 카스트 차별로 비인간적 대우를 받고 있다.

인도와 마찬가지로, 방글라데시에서도 달리트 여성들의 지위는 형편없이 낮다. 이들은 카스트, 계급뿐만 아니라 가부장제로 인한 불이익까지 당한다. 달리트 공동체 내에서도 여자라는 이유로 사회적·경제적·정치적·문화적으로 차별당하고 착취당하고 억압당한다. 사회의 다른 집단들과 비교해 보았을 때 달리트 여성의 식자율이 현저히 낮은 것만 보아도 이들의 낙후성을 알 수 있다. 다카 지역의 달리트 마을 리쉬Rishi를 대상으로 한 연구를 보면, 달리트 남성의 36.31%가 글을 읽고 쓸 줄 아는 반면, 달리트 여성들의 식자율은 23.15%에 불과했다(Parittran, n.d.). 정부와 비정부기구가 달리트 여성들의 생활 환경을 개선하기 위해 노력하고 있지만, 그것으로는 충분치가 않다. 이런 이유로 방글라데시에서 달리트 여성의 독립적이고 자율적인 조직들이 최근 등장하게 된 것이다.

힌두교도가 대부분인 인도 사회에도, 이슬람교도가 많은 방글라데시 사회에도 예전에 '불가촉천민'이라 부르던 카스트가 있다. 이들은 각성한 후, 자신들을 '달리트'라는 새 이름으로 부르기 시작했다. 달리트 여성들은 높은 카스트의 힌두교도와 부유한 무슬림 남성들뿐만 아니라 달리트 남성들에게서도 고통을 당하기 때문에 힌두교도들과 무슬림들 중에서 가장 힘들고 제일 많이 배척되고 소외되고 착취당하고 억압받는 집단이다.

달리트 마을 사람들을 위한 달리트 운동이 있었고, 여성들의 삶을 개선하기 위한 여성 운동도 있었다. 그러나 정부의 복지 정책과 프로그램과 마찬가지로, 달리트 남성만 달리트 운동의 혜택을 받았고 달리트가 아닌 여성들이 여성 운동의 혜택을 독점했다. 인도와 방글라데시 양국에서 달리트 여성들이 제일 많이 배척당하고 소외당했다. 이런 이유로 인도와 방글라데시에서 달리트 여성들은 최근 자발적인 비정부단체의 노력과 달리트 마을에 기반을 둔 조직에 의해 뭉치고 조직되기 시작했다. 달리트 여성단체들의 연합과 네트워크가 지역, 전국, 국제적 차원에서 만들어져 있다. 이제 인도와 방글라데시의 달리트 여성단체를 하나씩 분석하고자 한다.

인도의 달리트 마히라 사미티

'달리트 마히라 사미티Dalit Mahila Samiti'는 인도 우타르프라데시 주의 분델칸드에서 활동하는 달리트 여성단체이다. 우타르프라데시 주는 인구가 1억 9천만 명으로 인도에서 가장 인구가 많은 주이다. 달리트는 이 주 인구의 20%를 차지한다. 2003년 우타르프라데시에서 페미니스트 사상과 풀뿌리 조직력을 갖춘 단체 '바난가나Vanangana'가 주도해 달리트 여성들을 중점적으로 다루는 달리트 마히라 사미티를 공식적으로 출범시켰다. 달리트 마히라 사미티는 활동을 위해 마을 단위로 달리트 여성 조직을 만들었다.

달리트 마히라 사미티는 달리트 페미니즘 관점을 프로그램에 반영한다. 이 단체는 달리트 여성들의 어려움을 이해하고 설명하는 데 페미니즘의 교차적 관점을 채택한다. 이는 인도 여성들의 상황이 모두 같아서 엇비슷한 박탈과 억압을 겪는다고 보지 않는 것이다. 달리트 여성들의 상황은 일반 여성과 다르고 달리트 남성과도 다르다고 본다. 카스트, 계급, 젠더의 교차가 이들의 지위를 결정짓는다. 카스트, 계급, 젠더 때문에 달리트 여성들은 차별받고 착취당하고 억압당하고 소외되어 3중의 고통을 겪는다. 그러므로 달리트 여성들은 평등, 존엄성, 명예를 얻기 위해 젠더 차별뿐만 아니라 카스트와 계급에 뿌리를 둔 억압과도 맞서 싸워야 한다.

그와 같은 달리트 페미니즘의 목표와 함께, 달리트 마히라 사미티는 다음과 같은 구체적인 목표를 설정했다. 1) 활동하는 지역의 카스트 문제를 개선한다. 2) 지역 여성들의 리더십을 도모한다. 3) 모든 형태의 여성에 대한 폭력에 항의한다. 4) 선거 기간 동안 상위 카스트 사람들과 협상한다. 5) 정부 정책의 혜택을 받을 자격이 있는 달리트가 모두 혜택을 받을 수 있게 한다(Andharia with ANANDI Collective, 2008).

존엄성과 정의를 위한 폭넓은 투쟁에서 달리트 마히라 사미티는 처음부터 전략적으로 달리트 정체성을 강조했다. 이를 위해 마을 단위로 대화의 시간을 연속해서 가짐으로써 정의를 위한 투쟁이 존엄한 삶과 연결되어 있음을 달리트 여성들이 이해하게 했다. 또한 더 큰 사회적 불평등에 대해 이해하게 했다. 그들이 겪는 모욕과 부정의를 만들어 내는 것은 카스트 제도이고, 거기에서 불가촉의 개념, 즉 건드려서도 안 되는 부정한 존재라는 인식이 나온다는 것을 알게 했다. 이러한 대화로 달리트 의식과 달리트 페미니스트 의식을 끌어낼 수 있었다. 그렇게 해서 그 대화에 참여한 여성들이 자신의 능력을 계발해서 리더 역할을 할 수 있게 되었다. 그 결과, 이제 여성들은 달리트 마히라 사미티의 지역 모임에서 자신들의 문제를 제기하게 되었다.

달리트 마히라 사미티의 러크나우Lucknow 지부 임원과 이 글의 저자 중 한 명인 자야 시리바스타바가 2015년 1월에 한 인터뷰를 보면, 달리트 마히라 사미티는 크게 네 가지 활동을 펼치고 있다.

첫째, 달리트 여성들의 의식을 높임으로써 불가촉천민 관행에 맞서 이들이 뭉치거나 투쟁하게 한다. 이를 위해, 달리트 마히라 사미티는 불가촉천민이라는 존재에 의문을 제기하는 공연을 마을 단위로 펼쳤다. 이 관행을 종식시킬 수 있게 여성 멤버들을 격려했고, 암데브카 박사, 조티바 푸레Jotiba Phule, 사비트리바이 푸레Savitribai Phule와 같은 사회 개혁가들의 진보적인 사상을 담은 배지와 논평 기사를 나눠주었다.

둘째, 달리트 마히라 사미티는 순수와 오염이라는 생각을 없애기 위해 같은 물을 마시고 함께 음식을 먹음으로써 개인적으로, 그리고 가정별로 이 관행을 변화시키고자 한다.

셋째, 달리트 마히라 사미티는 우타르프라데시 주의 달리트 마을에서 정의를 실현하기 위해 노력한다. 예를 들어, 2003년 보우리Bhowri에서 하리시 찬드라라는 이름의 달리트가 상위 카스트 사람들에게 살해당한 사건이 있었다. 달리트 마히라 사미티는 이 사건을 신고하기 위해 사람들을 동원했으며 살해당한 달리트의 불탄 집에 대한 보상금을 요구하는 등 지원을 확대했다. 같은 해, 임신 중인 달리트 여성이 상위 카스트 여성들에게 폭행당했을 때에도 정당한 처벌을 요구하며 지원을 확대했다.

넷째, 달리트 마히라 사미티는 여성에 대한 폭력을 없애고자 한다. 여성에 대한 폭력 사례에 대해 논의하고 문제의 복잡성을 파악해서 피해자들에 대한 지원에 나선다. 피해자를 돕고 피해 사례를 경찰에 신고하는 활동을 모체 NGO인 바난가나와 함께하는데 이 모두가 카스트와 계급의 경계선을 약하게 만들기 위한 노력이다.

적극적이고 활발한 활동으로 달리트 마히라 사미티는 다음과 같은 상당한 성과를 이루었다. 1) 활동하는 지역의 달리트 여성들의 의식을 높였다. 2) 달리트를 부정하다고 여기는 차별적인 규범, 태도, 관행을 종식시키기 위한 활동에 사람들이 참여하게 했다. 3) 다른 카스트의 억압과 폭력과 맞서고 사회 정의, 특히 젠더 정의를 요구하는 활동에 달리트 여성들이 나서게 하고 이들을 조직했다. 4) 사회에서 달리트 여성들의 지위를 높이기 위해 이들의 독자적인 주장과 펼치고 정체성을 강화했다 (Report of dalit mahila samiti, 2013-2014, 2014).

방글라데시 달리트 여성연합

인도 사례와 마찬가지로, 방글라데시의 기존 여성단체들과 다른 조직들도 달리트와 사회로부터 배척된 여성들이 심각한 착취와 소외를 겪고 있음에도 불구하고 이들의 이익을 대변할 수 없었다. 이런 까닭으로 최근 전국 곳곳에서 달리트와 배척 여성들의 이해 관계와 요구에 초점을 맞춘 단체들과 이 단체들의 네트워크가 생겨났다. '방글라데시 달리트 여성연합Bangladesh Dalit and Excluded Women Federation'은 그러한 달리트 여성 조직들의 전국적인 네트워크로서, 2010년 방글라데시의 달리트와 사회적으로 배척된 여성들의 복리 증진을 위해 설립되었다. 이 네트워크에는 전국 각지의 달리트 여성이 주도하는 지역 단체 10개가 소속되어 있다. 회원 단체로는 다카 달리트 여성 포럼Dalit Women's Forum, Dhaka, 샤트키라 앤토지 나리 파리샤드Antoj Nari Parishad, Shatkhira, 쿨나 달리트 나리 파리샤드Dalit Nari Parishad, Khulna, 제소르 아슈루 모천Ashru

Mochon, Jessore, 닐파마리 하리잔 나리 콜리안 사미티Harijan Nari Kollyan Samitee, Nilphamari 등이 있다.

방글라데시 달리트 여성연합은 평등한 권리와 존엄성을 바탕으로 달리트 여성들에 대한 직업, 혈통, 성 차별을 철폐함으로써 평등한 사회를 만드는 것을 목표로 한다(Bangladesh Dalit and Excluded Women's Federation, n.d.). 교차적 관점이 반영된 구체적인 목표는 다음과 같다. 1) 달리트 여성 공동체에 사회 경제적·문화적·교육적·정치적 권리에 대해 알린다. 2) 직업, 혈통, 성 차별에 대한 대중 의식을 고취시킨다. 3) 정책 입안자들이 달리트 여성들의 권리에 주의를 기울이게 하고 정부와 비정부 차원에서 그에 책임을 지고 적절한 계획을 세우게 한다. 4) 달리트 여성들을 위한 리더십, 기술 교육, 소득 창출 프로그램을 만든다. 5) 달리트 여성들의 의식과 자신감을 높여, 이들이 시민권과 정부 서비스에 접근할 수 있게 한다. 6) 달리트 공동체의 의사 소통을 증진한다. 7) 달리트 여성들이 운영하는 단체의 능력을 강화한다. 8) 달리트 권리를 확립하기 위해 전국적, 지역적, 국제적 차원에서 활동하는 단체들과의 연대와 의사 소통을 위한 네트워크를 만든다.

방글라데시 달리트 여성연합은 이 목표를 달성하기 위해 세 가지 전략과 프로그램을 택했다. 첫째, 조직의 능력을 키우는 데 주력한다. 회원 단체들의 발전을 위해 워크숍, 교육, 모임, 세미나를 주최하고 국가 기관과 국제 조직을 방문한다. 둘째, 의식화 교육과 기술 교육에 초점을 맞춘다. 교육, 보건, 주거, 위생, 권리에 관한 문제들에 대한 인식을 높인다. 그리고 옷 만들기, 까르추피karchupi 자수(옷에 바느질로 수놓는 것), 판목 날염, 밀랍 염색 등 기술을 교육해서 소득 창출을 할 수 있게 한다. 셋째, 로비와 네트워크 활동 등으로 달리트 여성의 권리 확보를 위해 노력한다. 이 연합은 정부와 비정부 차원에서 정책 입안자들에게, 달리트 여성의 발전을 위해 적절한 정책을 만들고 그 정책들이 효과적으로 시행될 수 있게 동기를 부여하고자 한다. 이 연합은 달리트 인권 운동과 연결된 전국적·국제적 조직들과의 소통을 향상시키는 데 앞장선다(Bangladesh Dalit and Excluded Rights Movement, Bangladesh Dalit and Excluded Women Federation, Nagorik Uddyog & International Dalit Solidarity Network, 2012).

방글라데시 달리트 여성연합은 짧은 기간 동안 전국적으로 인정받을 만한 성과를 이루었다. 전국적인 네트워크를 통해, 10개의 달리트 여성 주도 단체들이 권리를 주장하는 활동과 소득 창출 사업을 벌일 수 있었다. 이 네트워크로 여성들은 방글라데시 곳곳의 달리트와 배척 여성들과 소통할 수 있게 되었다. 파트너 단체들을 통해 달리트와 배척 여성들에게 소득 창출을 위한 기술 교육을 제공했다. 달리트 여성들은 이 교육으로 돈을 벌 수 있게 되었다. 달리트 여성들이 리더십을 키울 수 있는 기회도 마련했다. 2012년 이 연합은 전국 달리트 여성 인권회의를 조직했고 전국 각지에서 약 400명의 달리트와 배척 여성들이 참가했다. 더 나아가 국제적으로, 방글라데시 달리트 여성연합의 회원 단체 임원이 2012년 제네바에서 열린 UN 소수집단 포럼 4차 회의에 소수집단 전문가로 초대받아 방글라데시 달리트 여성의 생존 투쟁에 대해 발언했다. 그녀는 여러 나라의 달리트 인권 지도자와 운동가들이 참여한 2011년 네팔 달리트 여성 회의에도 참가했다. 그녀는 방글라데시 달리트 인권 운동에 크게 기여한 바를 인정받아, 2010년 런던에서 원월드액션One World Action의 지그문트 스턴버그 경Sir Sigmund Sternberg 상을 받았다(원월드액션은 런던에 본부를 둔, 빈곤과 억압 퇴치, 인권 증진을 위한 해외 개발원조 단체이다. 그와 같은 목표에 기여한 개인이나 단체에게 매년 지그문트 스턴버그 경 상을 수여한다). 또한 2012년 다섯 개 회원 단체의 대표들이 인도 아메다바드Ahmedabad의 달리트 마을을 방문해서 달리트 인권 운동가들과도 교류했다. 이와 같이 방글라데시 달리트 여성연합은 국제적인 네트워크를 만들려 노력하고 있다.

결론

앞의 분석에 따르면, 달리트 마히라 사미티와 방글라데시 달리트 여성연합은 모두 달리트 페미니즘의 관점을 갖고 있다. 이들의 비전과 활동은 페미니즘 이론의 교차적 관점에 의거한 것이다. 이 달리트 여성단체들은 일반 여성 운동과 달리트 운동과는 다른, 달리트 여성만의 독자적 목소리를 내고 있다. 이들은 달리트 여성들의 지위를 점진적으로 향상시키는 데 크게 기여하고 있다. 생긴 지 얼마 안 됐지만, 이 달리트 여성단체들은 각자의 나라에서 다양한 활동을 통해 달리트와 배척 여성들의 지위를 향상시키는 데 주목할 만한 성과를 이루었다. 달리트 여성들의 삶을 보호하고 향상시키기 위한 이들의 목표, 전략, 프로그램에는 유사성이 많지만 실제 활동에서 강조하는 바에는 차이점이 있다. 달리트 마히라 사미티는 인도에서 불가촉천민에 대한 비인간적 관행을 없애고, 달리트 폭력에 저항하며, 일반 달리트와 구체적으로는 달리트 여성에 대한 존엄성과 정의를 보장하는 활동에 중점을 둔다. 반면 방글라데시 달리트 여성연합의 사례에서도 볼 수 있듯이 방글라데시에서는 복지 사업과 역량 강화와 소득 창출을 위한 기술 교육에 더 초점을 맞춘다.

각 나라에서의 활동 외에, 국제적인 연대를 모색하는 노력도 있었다. 특히 방글라데시 달리트 여성연합은 달리트 여성의 문제를 알려나가기 위해 국제적인 연결을 시작했다. 이 단체들은 성과도 있었지만 분명 한계도 있으며 앞으로 해결해야 할 문제점도 가지고 있다. 가장 큰 한계는 이들 단체의 목표가 '평등 사회'를 이루는 것이지만 경제적으로 불평등한 사회 구조에 의문을 제기하거나 반대하지 않고 전략과 프로그램을 운영

한다는 점이다. 장기적으로 보면 이들의 활동이 카스트와 성 불평등을 크게 감소시킬 수 있을 것이다. 그러나 신자유주의 민영화, 자유화, 세계화를 추구하는 현 정권에서 달리트 여성과 남성 간의, 달리트 여성과 일반 여성 간의 경제적 불평등은 너 깊어질 것이다. 자본주의 선진국의 사례에서 볼 수 있듯이, 자본주의와 함께 가는 한 성 불평등이 완전히 사라지지는 않을 것이다.

결론적으로, 달리트 여성단체들이 더 강해져야 한다. 이들 앞에 놓인 과제는 전국적인 네트워크를 공고히 하고 국제적인 네트워크, 특히 아시아 지역의 네트워크를 만드는 데 좀 더 체계적인 노력을 기울이는 것이다. 또한 일반적인 여성 운동과도 연결되는 것이 필요하다. 달리트 여성의 대의에서 벗어나지 않으면서도 달리트 여성단체를 강화하고 국내에서 달리트 여성들의 지위를 향상시키기 위해, 그리고 효율을 추구하기 위해 더 큰 여성 운동과 연결되어야 한다.

참고 문헌

Andharia, J. with the ANANDI Collective (2008), "The Dalit Women's Movement in India: Dalit Mahila Samiti," in S. Batliwala (ed.), *From changing the world* (1st ed.) (pp. 34-37). Toronto: Association for Women's Rights in Development.

Bangladesh Dalit and Excluded Rights Movement (BDERM), Bangladesh Dalit and Excluded Women Federation (BDEWF), Nagorik Uddyog(Citizen's Initiative), & International Dalit Solidarity Network (IDSN). (2012). The human rights situation of dalits in Bangladesh (Joint NGO submission related to Bangladesh for the 16th Universal Periodic Review session). Retrieved from http://lib.ohchr.org/HRBodies/UPR/Documents/Session

Bangladesh Dalit and Excluded Women's Federation (n.d.), Short profile of Bangladesh Dalit and Excluded Women's Federation (BDEWF). Dhaka:

Bangladesh Dalit and Excluded Women's Federation. Retrieved from http://bderm.org/sites/default/files/BDEWF%20Brochure-%20English.pdf

Bangladesh Dalit Human Rights & Nagarik Uddyog (2008), National Consultation on Dalit and Socially Excluded Communities: Problems and Possible Way Forward (workshop held on April 20-22, 2008, VVA Auditorium, Dhanmondi, Dhaka. Retrieved from http://www.nuhr.org/DocFile/70-BDERM_consultationreport.pdf

Kumar, V. (2009), "Locating dalit women in Indian caste system, media and women's movement," *Social Change*, 39(1): 64-84. DOI: 10.1177/004908570903900104

Manorama, R. (2008), "Dalit women: The downtrodden among the downtrodden," in Mary E. John (ed.), *Women's studies in India: A reader*. New Delhi: Penguin Books India.

Office of the Registrar General & Census Commissioner (2013), Census of India 2011-Primary census abstract: Scheduled castes & scheduled tribes. New Delhi: Office of the Registrar General & Census Commissioner. Retrieved from http://censusindia.gov.in/2011.../SCST%20 Presentaion%2028-10-2013.

Parittran (n.d.), Past and present of the caste system: A brief introduction. Retrieved from https://dalitbangladesh.wordpress.com/dalit-2/past-and-present-of-the-caste-system-a-brief-introduction/.

Planning Commission, Government of India (2008), *Eleventh five year plan 2007-2012* (Vol. 1). New Delhi: Oxford University Press.

Rao, A. (2009), *The caste question: Dalits and the politics of modern India*. Oakland, CA: University of California Press.

Report of dalit mahila samiti 2013-2014 (2014), Unpublished report.

Vedhanayagi, P. (2013), "Agro-feminism: An ideology of hope for dalit women," *Asian Journal of Women's Studies*, 19(3): 186-200.

11 쓰나미와 여성: 스리랑카와 인도네시아 아체 주의 재난 후 변화 과정

르와니 레누카, 에카 스리뮬라니

개요

쓰나미가 인도양 인접 국가들의 해안을 쓸어버린 2004년 12월 26일을 이 지역 주민들은 영원히 잊지 못할 것이다. 다른 지역보다 유독 인도네시아의 아체 주와 스리랑카가 큰 피해를 입었다. 사망자 수도 많았다. 이 재닌으로 사람들의 생활과 생계 활동은 크게 바뀌었다. 이 연구는 재난과 재난 후 복구와 개발이 여성들의 삶에 어떤 영향을 미치는지 살펴보고자 한다. 즉, 재난의 피해를 입은 아체와 스리랑카 여성들의 상황과 이들이 어떻게 회복하고 어떻게 삶을 재건하는지 알아본다. 10년이 지난 뒤에도 변화된 상황이 지속되는지, 그 효과는 무엇인지, 그리고 개발 개입 프로그램developmental intervention program이 사회에, 특히 여성에게 어떤 영향을 주는지도 살펴볼 것이다.

서론

2004년 인도양 쓰나미 참사는 인류 사상 가장 참혹한 재난 가운데 하나였다. 인도네시아 아체 주Provinsi Aceh 근처에서 발생한 강력한 지진으로 쓰나미가 일어나서 스리랑카를 포함해, 인도양에 인접한 여러 나라에 영향을 주었다. 인도네시아에서는 아체 주가 가장 큰 피해를 입었다. 지진이 있고 나서, 국제 단체, 전국 지역 단위의 단체들이 피해 지역 주민들의 경제적 역량 강화를 위해 노력했다. 몇몇 사례를 보면, 재난으로 여성들은 한부모가 되었고, 생계 활동뿐만 아니라 사회·정치적 삶에서도 변화를 겪었다. 복구 사업은 독특하고도 중대한 영향을 주었다. 예를 들어, 아체 주에서 복구와 재건 기간 동안, 다른 사안보다 여성 문제가 중요하게 대두되었으며 '젠더gender'라는 말이 유행어가 되었다(Afriyanty, 2010). 정부 기관 또는 NGO에서 일련의 젠더 주류화 프로그램을 시행했다. 그 어느 때보다 아체 주 주민들은 이 말에 익숙해졌지만 이에 대한 일부 집단의 저항도 있었다.

이 글은 인도양 지진과 쓰나미의 피해를 크게 입어 인도주의적 지원을 많이 받은 스리랑카와 인도네시아 아체 주의 상황을 보여주고자 한다. 재난 후 복구 기간 동안, 이 지역 주민들이 삶을 재건하면서 겪은 문제점을 살펴봄으로써 재난과 복구 프로젝트가 이 사회에, 특히 여성들에게 어떤 영향을 주는지 이해하고자 한다. 재난이 발생한 지 10년이 지난 지금, 우리는 이 두 나라가 입은 영향, 역량 강화, 변화를 논의하고 평가하고자 한다. 먼저 스리랑카를 살펴본 다음 인도네시아 아체 주를 보기로 하겠다.

스리랑카와 인도네시아 아체 주의 쓰나미

2004년 12월 26일, 인도양 쓰나미가 스리랑카의 동부, 남부, 북부 해안을 강타했을 때 스리랑카의 25개 구district 중 13개 구의 주민들이 생활터전을 잃었고 재산 피해와 천연 자원의 피해 또한 막대했다(스리랑카에는 9개 주가 있고 주 아래의 행정구역 단위가 구district이다). 재난으로 516,150명이 이주했고 총 피해액은 미화 15억 달러에 달하는 것으로 추산된다(Disaster

Watch, 2004). 인명 피해 외에도, 약 99,000채의 주택이 소실되었고 약 45,000채가 부분적으로 파손되었다. 이와 함께, 약 20만 명이 생계 수단을 잃었다(Seneviratne et al., 2007). 자연적인 해안 구조와 환경도 많은 변화를 겪었다. 해안에서 1킬로미터 떨어진 곳까지도 크게 달라진 모습이 되었다. 쓰나미가 있고 나서 수천 가구가 생계를 유지하기 어렵다 보니 상황은 더욱 악화되어 심각한 위험에 처하게 되었다.

스리랑카의 갈레 구는 남부 해안에서 가장 큰 피해를 입은 지역으로 수천 가구가 친척, 재산, 생계를 잃었다. 73킬로미터의 해안을 따라 약 164,000헥타르에 펼쳐진 이 지역에 100만 명 정도가 거주한다. 이 지역에서는 관광업, 상업, 현지 자원에 기반을 둔 지역 거래가 번창했었다. 갈레 구의 총 364개 면(GND)[1] 중 132개가 피해를 입었다(Department of Census and Statistics, 2004). 2005년 1월 말까지 쓰나미로 4,200명이 사망했고, 500명 넘게 실종되었으며, 13만 명이 이주했고, 11,500채의 가옥이 부분적으로 또는 완전히 파손되었다(Department of Census and Statistics, 2004). 갈레 구 주민의 30%가 빈곤선 이하의 생활을 하는 사람들이었는데 쓰나미로 더욱 살기 힘들어졌다.

이 마을에서 살아남은 이들은 하룻밤새 무일푼이 되었다. 재산, 경제적 자원, 사회적 연결망, 소속 집단을 다 잃은 것이다. 쓰나미로 모든 것을 잃은 이들은 마을을 떠나 새로운 곳에 정착했다. 정착지의 새 집 대부분은 국제 NGO, 국내 NGO, 독지가, 민간 부문, 정부에서 지어준 것이었다. 이런 정착지 대부분은 갈레 구의 3개 군(DSD)[2]에 위치해 있다. 다른 정착지에서와 마찬가지로, 이 지역에 정착하려 한 사람들도 정부, NGO,

1 GNDGrama Niladhari Divisions는 스리랑카 행정구역의 가장 작은 단위이다. 한 GND에 10~15개의 마을이 있다.

2 구district 아래의 행정구역이 DSDDivisional Secretariat Divisions이다.

독지가들의 다양한 원조 사업의 지원을 받아 생활을 다시 꾸리고자 했지만 초창기에는 형편이 그다지 나아지는 것 같지 않았다.

한편, 인도네시아 아체 주는 2004년 쓰나미 여파로 제일 큰 타격을 입었고 가장 많은 사망자 수를 냈다. 아체 주는 인도네시아 군도에서 가장 큰 섬 다섯 개 가운데 하나인 수마트라 섬 북부에 위치한 곳이다. 이 지역은 원래 대규모 지진이 자주 일어나는 곳인데 2004년 12월 인도네시아 현대사에서 가장 큰 지진으로 최악의 쓰나미가 일어나 수많은 인명 피해와 재산 손실, 대대적인 파괴를 낳았다. 인도네시아 국가재난구조기관에 따르면, 126,915명이 사망했고 37,603명이 실종되었다. 2011년 인도네시아 보건국은 655,000명을 이재민으로 분류했고 지금까지 사망자와 실종자 수는 225,000명이라 발표했다.

아체 주에서는 아직도 인도네시아 중앙정부와 아체독립운동Gerakan Aceh Merdeka 간의 정치적 갈등이 진행 중이다. 1976년 12월 하산 티로 박사Dr. M. Hasan Tiro가 아체 독립 운동의 시작을 선포하자, 독립 운동과 인도네시아 중앙정부의 무력 분쟁이 시작되었다. 초기에 이 분쟁은 피디, 아체 우타라, 아세그 티무르 세 지역에 집중되었으나 점차 다른 지역으로도 확산되었다. 특히 1998년 수하르토Haji Mohammad Suharto 대통령이 물러나고 개혁이 시작된 뒤로는 더욱 널리 퍼져 나가고 있었다. 2004년 12월 쓰나미가 일어나고 몇 달 지난 뒤인 2005년 8월에 평화협정이 체결되었다. 쓰나미가 평화 회담과 평화 구축 과정의 포문을 열어준 '촉매제'가 된 것이다. 이는 핀란드 헬싱키에서 조인한 양해각서MOU로 이어졌다. 분쟁과 쓰나미는 모두 이 지역 사람들에게 막대한 영향을 주었는데, 재난 후 복구와 분쟁 후 복구가 거의 동시에 일어났다.

복구 과정에서는 외부의 개입이 대규모로 이루어졌다. 쓰나미 이후 326개의 국제 NGO가 아체에 와서 활동했다. 아체미디어센터Aliansi

Jurnalis Aceh는 2005년 4월 현재 225개의 전국/지역 NGO가 생겼다고 보도했다. 전하는 바에 따르면, 이 중 약 70%가 소액 금융 같은 경제적 역량 강화를 비롯한 여성 문제에 주력했다. 2005년부터 2008년 사이에 활동한 다수의 단체는 지역 공동체의 자율권을 강화하는 방법으로 소액 금융이나 소액 대출 사업을 선호하는 경향이 있었다.

재난 후 스리랑카 재건을 위한 개입

재난 후 스리랑카 지역 사회 재건은 엄청난 규모의 일이었다. 수많은 NGO가 이에 동참했지만 1978년 스리랑카 농촌개발사업을 위해 비영리 NGO로 만들어진 '여성저축운동Women's Savings Effort'이라는 여성단체가 주도적인 역할을 했다. 이 글에서는 2006년부터 2014년 사이 아시아공동체트러스트(Asian Community Trust-Japan, 줄여서 액트재팬ACT-Japan. 1979년 설립되어 아시아 저개발국의 지역 NGO를 지원하는 일본의 기부단체)의 도움을 받아 남부 해안 지대와 동북 해안 지대에서 활동한 여성저축운동의 활동을 중점적으로 다루고자 한다. 더 나아가 재난의 타격을 크게 입은 여성을 돕고, 여성이 받는 피해를 줄이고, 여성이 자기 생활을 재건하도록 하는데 적용할 수 있는 방법론과 접근법, 그리고 전략적 개입에 대해 논의하고자 한다.

여성저축운동은 재난 후 재건을 위한 개입에서 세 가지를 연결시키는 접근법을 택했다. 그것은 1980년대 아프리카 식량 위기 때부터 국제적 인도주의 지원에서 적용되었던 원칙인 '구호, 재건, 개발의 연결Linking Relief, Rehabilitation, and Development'이다. 초기에는 주로 피해 상황 확인과 위험 경감 노력에 주력했다(Christoplos, 2006). 처음에 구호, 재건, 개발을 연결한다는 개념을 적용하려 했을 때에는 구호 단계에서 개발 단계로

직선적으로 한 방향으로만 진행하는 '연속체' 모델을 상정하고 있었다. 이에 더해, 여성저축운동은 정착민들의 조직화를 위해 참여형 지역 평가(Participatory Rural Appraisal: 개발 사업의 계획에 지역 주민의 의견과 지식을 반영하는 방식)를 사용했으며 복구 작업을 시작하는 모든 지역에 독립적인 여성 조직이 만들어질 수 있게 도왔다. 2006년 첫 9개월 동안 이 프로젝트는 매우 고무적이고 긍정적인 성과를 냈다. 심도 깊고 친근하고 참여적인 개입 덕택에, 피해 여성들은 피해 경감 계획을 개발할 때 집단으로 조직화되는 것이 중요함을 깨닫게 되었다.

독립적인 여성 조직 설립

강력한 개입으로, 여성저축운동은 마을여성회Community-based Women's Organizations를 세 지역에 10개나 조직할 수 있었고 그 회원 수가 225명에 이르렀다. 마을여성회는 회원들에게 생계 자금을 융자해 주기 위해 자금을 모으기 시작했다. 〈표 1〉은 2006년도에 여성 조직들이

표 1. 9개월 동안 10개 여성 조직의 저축액

지역	단체 수 (개)	가구 수 (개)	저축액과 대출 융자금 (USD)		
			2006년 4월	2006년 7월	2006년 12월
달루와투물라	6	125	367.22	514.44	712.18
셀와테	2	60	147.71	285.02	343.20
고다가마	2	40	103.64	116.60	149.82
총계	10	225	618.57	916.06	1,205.20

참고: 2005년 5월 23일 07시 35분 협정 세계시 기준 미화(USD) 1달러당 스리랑카 루피(LKR) 환율은 99.85이다. 출처 www.xe.com

출처: Karunawathie, M. (2014). *Progress Reports (2006–2014)*. Sri Lanka: Women's Savings Effort (WSE).

어떻게 만들어졌고 쓰나미 이후 9개월 동안 어떻게 공동 자금을 모아 늘려나갔는지 보여준다. 이는 모든 것을 잃은 여성들이 미래를 위해 용기와 투지만 가지고 시작한 실로 놀라운 운동이었다.

공동 저축은 여성들 스스로 시작한 것이었다. 여성들은 UN과 옥스팸Oxfam의 지진 잔해 청소 근로사업에서 개인적으로 돈을 벌어 그 돈으로 기금을 조성했다. 이 단계에서, 액트재팬 기금을 사용해 여성 가장에게 가정용품을 사서 나눠주었다. 첫해에 이 사업을 하면서 얻은 경험은 여성저축운동이 큰 자부심을 가지고 다른 지역으로 사업을 확대하는 밑거름이 되었다.

첫 1년을 성공적으로 만드는 데 기여한 가장 중요한 요인은 바로 여성저축운동의 조직력이었다. 여성들을 조직하기 위해, 직접 만나서 고충과 어려움을 속속들이 파악했고, 여성들의 신뢰를 얻었으며, 복구하는 데 이들의 잠재력을 이용할 수 있게 동기를 부여했다. 2006년부터 2014년까지 여성저축운동은 여성들을 조직하고 도와서 스리랑카 남부, 북서부, 북동부 3개 구의 34곳에서 1,531명 회원과 5,621명의 간접적인 수혜자를 지닌 74개의 독립 여성 조직을 만들게 했다. 〈표 2〉는 2014년 12월 31일까지의 수혜자 수를 보여준다.

공동 저축과 공동 기금

이렇게 해서 만들어진 여성 조직들은 법적 지위를 얻기 위해 수많은 장애물과 어려움을 헤치며 성장해 갔다. 여성 조직들은 굽히지 않고 계속해서 앞으로 나갔으며, 다양한 소득 창출 활동과 지역 개발 사업을 추진했다. 이같은 활동과 함께, 이들은 회원들에게 대출을 해줌으로써 공동 기금을 튼튼히 만들고 매달 수입을 확보할 수 있었다. 또 여성단체들

표 2. 2014년 12월 31일 현재 지역, 여성단체, 가정 수

1. 갈레 구	지역 수(개)	여성단체 수(개)	가구 수(개)	피부양자 수(명)
히카두와 구역	14	14	478	1,792
악미마나구역	05	05	176	699
하바라두와 구역	04	04	103	401
갈레 구역	04	04	100	370
소계	27	27	857	3,262
2. 물라이티부 구	**지역 수(개)**	**여성단체 수(개)**	**가구 수(개)**	**피부양자 수(명)**
마리티메파투 구역	04	06	255	950
칼라파두 남부 DS 분과	01	20	200	665
칼라파두 북부 DS 분과	01	20	200	660
소계	06	46	655	2,275
3. 푸타람 구	**지역 수(개)**	**여성단체 수(개)**	**가구 수(개)**	**피부양자 수(명)**
아라치카투와 구역	01	01	019	84
소계	01	01	019	84
총계	34	74	1,531	5,621

출처: Karunawathie, M. (2014). *Progress Reports (2006-2014)*. Sri Lanka: Women's Savings Effort (WSE).

은 그렇게 확보한 수익 중 일부를 회원들에게 배분해 회원들이 공동 기금에 더 많이 저축하고 싶어지게끔 만들었다.

여성 조직 회원들은 공동 기금을 모으면서도 액트재팬 기금으로 생활용품과 살림살이 구매를 위한 개별 보조금을 회원들에게 나눠주었다. 어떤 여성 조직들은 기금에서 융자를 받아 행사용 조리용품과 텐트 대여, 출장요리 서비스, 소규모 합작 투자 사업 같은 공동 사업을 벌였다. 그래서 2013년에는 여성 조직들이 공동 기금을 많이 모아서 저마다 회원들의 소득 창출 활동 증진에 필요한 대출을 해줄 수 있게 되었다. 2013년 12월까지의 여성 조직의 수와 그들의 저축액은 〈표 3〉에서 볼 수 있다.

표 3. 2013년 12월 31일까지 갈레 구 여성단체들의 저축액

지역	여성단체 수 (개)	가구 수 (개)	피부양자 수 (명)	2013년 12월 공동 기금	
				LKR	USD
히카두와 구역	14	478	1,792	4,161,600.00	31,833.48
악미마나 구역	05	176	699	1,555,460.00	11,898.24
하바라두와 구역	04	103	401	859,825.00	6,577.10
갈레 구역	04	100	370	1,047,194.00	8,010.34
총계	27	857	3,262	7,624,079.00	58,319.16

참고: 2013 년 12월 20일 현재 미화(USD)1 달러당 스리랑카 루피(LKR) 환율은130.73이다.
출처: Karunawathie, M. (2014). *Progress Reports (2006-2014)*. Sri Lanka: Women's Savings Effort (WSE).

한편, 여성저축운동이 2011년에 사업을 시작한 (북서)푸타람과 (북동)물라이티부의 성과는 괄목할 만했다. 여성저축운동은 독립 여성 조직들을 설립하고 활성화하는 데 활용한 접근법을 물라이디부와 푸타람 구에서도 적용했다. 그곳 조직들은 각자 자신들의 공동 기금을 만들었다. 액트 재팬의 기본 물품 보조금 사업을 활용해 개별 회원들에게 줄 보조금을 마련했다. 공동 기금은 빠르게 불어나 여성 조직들은 회원들에게 소득 창출 활동을 위한 대출을 더 많이 해줄 수 있게 되었다. 각 조직은 회원에게 줄 수 있는 대출의 한도액과 이자율을 미리 정해놓고 있었다.

광범위한 소득 창출 활동으로 여성들은 소득 수준을 상당히 높일 수 있었다. 2013년 북동 물라이티부 여성 조직 소속 가정의 평균 소득이 45% 증가하는 뛰어난 성과를 이루었다. 그 전에는 남성들만 (바다낚시 등으로) 돈을 벌었지만 여성들이 자신들만의 조직을 만든 다음부터는 독립적으로 소득 창출 활동을 시작할 수 있었다. 〈표 4〉는 2013년 12월까지 물라이티부 여성 조직들의 기금 액수를 보여준다.

푸타람 구의 여성 조직 회원들은 그전까지 돈 한 푼 벌어본 적이 없었

표 4. 2013년 12월 31일까지 물라이티부와 푸타람 구 여성 조직들의 저축액

구-구역	여성단체 수 (개)	가구 수 (개)	2013년 12월 공동 기금	
			LKR	USD
(1) 물라이티부 구 – 마리티메파투 구역	05	255	1,971,250.00	15,078.76
(2) 물라이티부 구 – 칼라파두 남부	*20	200	1,401,184.00	10,718.05
(3) 물라이티부 구 – 칼라파두 북부	*20	200	1,165,250.00	8,913.31
(4) 푸타람 구 – 아라치카투와	01	019	87,120.00	666.41
총계	46	674	4,624,804.00	35,376.53

참고: 2013년 12월 20일 현재 미화(USD) 1달러당 스리랑카 루피(LKR) 환율은 130.730이다.
* 소그룹: 독립여성조직으로 10명의 회원이 각 그룹에서 활동한다.
출처: Bloomberg.

지만 새로운 소득 창출 활동을 시작했다. 이 여성들은 수공예, 옷 만들기, 소규모 사업(양품점), 음식 만들어 팔기(사탕과 간식), 채소와 바나나 재배, 캐슈넛 까기, 땅콩 재배를 시작했다. 어떤 여성들은 소득 창출 활동으로 벽돌을 찍었다. 여성저축운동의 개입이 있기 전에 이들은 독자적인 수입이 없었으므로 약 55% 정도 소득이 증가한 것이다. 그 결과 이 여성들은 저축을 하고 계속 돈을 벌 수 있게 되었다.

연대와 집단 행동을 위한 연결망 구축

2011년 후반기에 여성저축운동은 갈레 구 여성 조직들을 모아 갈레 구 여성 네트워크를 만들었다. 총 27개의 여성 조직 중 22개가 참여했으며, 747명의 개인 회원으로 이 네트워크는 시작되었다. 2013년도에 몇몇 회원 조직이 모임에 정기적으로 참석하지 못해 회원 조직이 18개로 줄어

2014년 현재 이 네트워크에 참여하는 여성 조직은 18개이며 총 회원 수는 636명이다.

2012년부터 2013년까지, 여성저축운동은 북서 푸타람 구와 북동 물라이티부 구 여성 조직들의 네트워크를 만들고자 했다. 그 결과, 2014년 중반, 여성 조직 네트워크가 2개 더 생겨났다. 그 뒤, 여성저축운동은 3개의 네트워크가 쭉쭉 뻗어나갈 수 있도록 자신들만의 비전, 사명, 지침을 만들 수 있게 도왔으며, 앞으로는 발전을 위한 권리 중심의 접근법을 사용해 여성들이 지방자치에 참여할 수 있도록 역량을 강화할 수 있는 협력 프로그램을 시행할 계획이다.

개입의 성과와 여성들의 역량 강화

쓰나미 참사는 여성저축운동이 피해 여성들을 조직하고 그들 스스로 행동하게 만드는 촉매제 역할을 했다. 참사 후 여러 문제를 겪으면서, 여성들은 협동하면 웬만한 문제는 극복할 수 있고 삶도 재건할 수 있다는 교훈을 얻었다. '구호, 복구, 개발의 연결' 방침에 맞추어, 여성저축운동은 처음에는 구호 지원을 했으며 여성들이 스스로 독립 여성 조직을 만들게 했다. 그리고 이 조직 회원들의 경제력 확보와 생계 마련을 위한 지원도 이루어졌다. 여성저축운동이 액트재팬의 도움을 받아 마련한 회전자금에서 나온 지원금이었다. 여기서 가장 중요한 변화는 외부 지원에 계속 의존하기보다는 힘을 합쳐 복구, 회복, 개발을 하려고 하는 여성들의 태도이다. 이 과정을 통해 이들은 열심히 노력하면 어려움을 극복하고 경제 상황을 개선할 해결책을 함께 모색할 수 있다는 자신감을 갖게 되었다. 이 사업의 도움을 받은 가구들을 조사한 통계를 보면, 피해 가구들의 소득 수준이 1년 안에 30%나 증가했다. 사업이 진행되면서, 여성 가장 가구들의 경제적 상황도 나아졌으며 2013년 중반까지 평균 가구 소득도

약 40% 증가했다.

독립 여성 조직이 만들어지자 회원들은 인정과 존경을 받게 되었으며, 지역 사회 개발을 위한 지원을 서비스 기관과 관련 단체에 요청하기도 용이해졌다. 협동하면 식수, 다리, 도로, 보건, 위생 시설 같은 편의를 제공하도록 지역 당국에 압력을 행사할 수도 있었다. 쓰나미가 일어나기 전에는 여성의 약 80%가 전업주부로 지냈으며 여성은 사회 활동이나 개발 활동에는 전혀 관여하지 않았다. 가장 큰 타격을 입은 수산업 종사 가정의 전업주부 비율은 더욱 높아 90%에 달했었다. 쓰나미가 발생하자, 이들은 여성 조직을 만들어 집단적으로 활동할 수밖에 없었으며 자신들의 문제를 스스로 해결해야 했다. 모임을 갖고, 조직 규정에 따라 활동하고, 회원들에게 소액 대출을 해줄 수 있는 재정 원칙과 규칙을 만들고, 공무원과 접촉하고, 마땅히 받아야 할 권리와 서비스를 얻기 위해 당국과 교섭하고 압력을 행사하면서, 여성들은 자신이 시작한 개발 활동을 지속할 수 있는, 역동성과 영향력을 지닌 집단으로 변모했다. 이는 여성들이 역량을 강화해 지역 사회 개발에 참여하게 된 매우 뜻깊은 변화로 볼 수 있다.

사업 실행 후, 여성들은 상당한 의사결정권을 갖게 되었다. 거의 80%의 여성이 경제력을 가지게 되었으며 가정과 지역 사회에서 결정권을 행사할 수 있게 되었다고 말했다. 쓰나미 이전에 여성들은 목소리를 낼 수 없었지만 지금은 사회단체에서 결정적인 역할을 하는 위치에 있다. 여성들은 자유로이 이동할 수도 있게 되었으며 지식을 쌓기 위해 자주 만나 경험을 나눌 수도 있게 되었다.

성공 요인

이 사업의 성공 요인으로는 여성저축운동이 채택한 '구호, 복구, 개발의 연결' 정책을 들 수 있다. 이 사업을 시행하고 지속할 독립 여성 조직을 만들기 위해, 여성들의 의식을 고취하고 여성들이 행동하게 하는 데 참여적 방법을 쓴 것이 주효했다. 이 접근법은 참여하는 여성들이 이 사업에서 주인 의식을 가지고, 개별적·집단적으로 자신에게 이롭게 결정하고 발전시키고 운영할 수 있게 했다. 교육과 체험을 통해 새로운 기술을 배우고 습득하면서 참여자의 능력이 향상되고 사업 자체도 강화되었다. 피해 가구 경제 수준의 향상, 어떤 문제든 자신 있게 다룰 수 있는 능력, 외부 도움을 기다리거나 의존하지 않고 활동을 지속시키는 능력이 매우 중요했다.

여성저축운동은 쓰나미라는 재난을 민족 화합의 기회로도 활용했다. 남부의 주요 민족과 북동부 소수민족의 교류와 교환 프로그램으로 화합의 계기를 마련하고자 한 것이다. 그것이 상당한 성공을 거두어서 30년간의 전쟁으로 고통받아 온 두 민족 집단이 한자리에 모여 남북 회담을 가지게 되었다. 이는 두 공동체가 서로를 더 깊이 이해할 수 있도록 직접 대화하는 길을 터주어 사회적 화합을, 특히 전쟁에서 크나큰 고통을 겪은 여성들의 화합을 이끌었다.

여성 조직들의 네트워크 3개는 이제 여성의 토지 소유권 보장, 모든 종류의 차별 완화, 가정 폭력과 학대로부터 여성과 여아 보호, 시민 참여를 위해 함께 투쟁할 계획이다. 시민 참여가 보장되면 여성들이 정책 결정 과정에 참여할 수 있기 때문이다. 이러한 성과들은 피해 여성들과 여성저축운동 실무자들과 그 동료들의 헌신, 이해, 결단력, 여러 공공 기관의 지원, 그리고 기부 단체인 액트재팬의 이해심, 유연성, 끊임없는 지원 덕분에 가능했다. 액트재팬은 여성저축운동에 금전적 지원을 해주었을 뿐만 아니라 경험을 나눠주고 의욕을 북돋아주기까지 했다.

인도네시아 아체 주의 재건 활동

쓰나미라는 거대한 재난으로 막대한 피해를 입은 아체 주가 빠르게 복구되기는 어려웠다. 그러나 살아남은 사람들은 예전의 생활, 일, 관계망으로 돌아가겠다는 의지를 잃지 않았다. 가족들, 그리고 같은 피해를 입은 여성들과의 관계망에서 받은 지원과 격려 덕분이었다. 쓰나미 후, 종교는 가족과 재산을 잃은 사람들에게 가장 큰 힘이 되기도 했다. 어떤 이들은 생계를 잃고는, 하루하루 먹고 살 돈을 벌기 위해 새로운 일자리를 찾아 나서야 했다. 아체베사르, 아체바라트, 아체자야 같은 피해 지역은 재난이 일어나기 전에도 정치적인 무력 분쟁으로 고통을 겪던 곳이었다. 재난이 있기 전부터 이 지역 사람들은 분쟁으로 이미 생계와 사회 활동에 타격을 입고 있었는데 쓰나미는 이런 상황과 고통을 더욱 악화시켰다.

이 연구를 위해 현장 연구를 하면서 재난으로 인한 정신적·경제적 어려움을 이겨내려 노력하는 여성들을 만나보았다. 쓰나미로 해안지대 대부분이 피해를 입었으며 논은 물론 거의 다 망가졌다. 농경 사회인 아체 주 주민들의 생계가 파괴된 것이다. 이런 상황에서 동네에서 과자를 만들어 파는 장사 같은 것을 조그맣게 시작함으로써 새롭게 생계를 꾸리는 것은 남성보다 여성이 더 유리했다. 어떤 이들은 이런저런 이유로 실패한 반면, 새 사업에서 큰 성공을 거둔 이들도 생겼다. 쓰나미 피해 지역인 반다의 한 여성은 다른 여성들과 임시 대피소에서 재봉 기술을 배웠고 재봉틀 등을 지원받았다. 그녀는 쓰나미로 집이 크게 망가지고 가족들이 다쳤지만, 수입이 이전보다 훨씬 나아지자 한결 기분이 좋아졌다고 말했다. 물론 상황이 저마다 다르기에 이 사례가 쓰나미 이후 모든 여성의 경험과 소득 창출 활동을 대표한다고는 할 수 없다. 예비조사에서 쓰나미 이후 시작된 생계 마련 대책, 특히 새 기술을 배워서 하는 일에서 여성보다 남성이 더 많이 실패하는 것으로 나타났다.

몇몇 NGO가 아체 주에서 소액 대출, 소액 금융 사업을 시작했는데, 2004년 쓰나미 복구와 재건 기간 동안에는 많은 기부자가 소액 대출을 통한 소규모 사업을 지원한 덕에 소액 금융이 너욱 활발해졌다(Srimulyani, 2013). 현재, 아체 주에서 소규모 사업체는 30만 개에 달하며 해마다 계속 증가하고 있다. 아체와 니아스의 재건복구기관BRR 자료에 따르면, 쓰나미와 분쟁 이후 아체 주에서 수백 개의 단체가 소액 대출, 소액 금융 사업에 주력했다. 흥미롭게도, 현장 자료를 보면 소액 금융과 소액 대출의 수혜자가 대부분 여성이다. 예를 들어 재건복구기관은 젠더 분과의 하위 부서에 아체 주 여러 곳의 여성 협동조합을 지원하는 특별 프로그램을 만들었고, 이후의 지속 가능성이 문제로 남긴 하지만, 여성 협동조합에 상당한 보조금을 약속하기도 했다. 성공한 여성 협동조합은 피해 지역에서 지금도 운영 중이며 여성들과 그 가족의 경제 활동을 지원하고 있다.

재난 복구 프로그램과 여성들의 정치 참여

여성들의 공적 역할 수행을 돕기 위해 많은 역량 강화 프로그램이 고안되었다. 여성 조직에서 성평등 문제를 교육하는 프로그램도 마련되어 마을 단위로 다양한 수준에서 여성 지도자를 배출하는 데 주력하고 있다. 여성들은 지역 사회에 주도적인 역할을 하고 공적 모임과 교육에 참여하도록 적극 장려된다. 마을 단위별로 여성들에게 제공하는 교육에도 리더십 교육이 포함되어 있다. 관청의 가족복지 프로그램에서 농촌 여성에게 제공하는 교육은 요리와 바느질과 관련된 것뿐이었기 때문에 여성을 위한 리더십 교육은 매우 생소한 것이었다. 모든 여성에게 해당하는 것은 아니지만, 쓰나미 복구 단계는 여성들에게 정치와 리더십에 '공적'

반다아체 시 여성 후보자들의 선거 운동 포스터

으로 참여할 수 있는 더 많은 기회를 열어주었다. 그 결과, 여성들은 훌륭한 리더십을 갖게 되었다.

인도네시아에서 여성의 정치 참여는 사실상 그리 많지 않다. '신질서'(수하르토의 통치 시기를 말한다) 정권의 해묵은 여성 정책이 큰 걸림돌이었다. 30년 동안이나 지속된 신질서 정권의 정책은 '국가 이부이즘*ibuism*'[3]('이부'는 인도네시아 어로 어머니라는 뜻이다)을 토대로 했으며 여성들의 정치권을 무시했다(Suryakusuma, 1996). 이는 아체 주를 포함한 인도네시아 전역에 영향을 주었다. 이 같은 상황은 바꾸기 쉽지 않아서 많은 시간, 끊

3 수리야쿠수마(Suryakusuma, 1997)가 '국가 이부이즘'이라는 말로 지칭하고자 한 것은, 여성을 남편의 부속물이자 동반자로, 나라의 어미, 아이들의 엄마이자 교육자, 가정주부로, 인도네시아 사회의 성원으로 규정하는 인도네시아 정부의 이데올로기이다.

임없는 지원과 노력이 필요하다. 2009년 지방의회 선거에서 당선자 69명 중 여성은 4명뿐으로 여성은 전체 의석 중 고작 5.8%를 차지했다. 자카르타에서는 여성 후보 13명 중 1명만이 의회에 진출할 수 있었다. 아체 주 지방의회에서 여성은 6.35%에 불과하다.

아체미디어센터는 2005년 4월 이후로 약 225개의 전국/지역 NGO가 생겼다고 전했다. 국내 NGO 외에도, 약 326개의 국제 NGO들이 쓰나미 발생 후 아체 지역에서 활동하고 있다. 이들 단체 중 거의 70%가 여성 관련 문제에 주력하고 있다(Afrianty, 2010). 그 이전의 여성 운동, 여성 연대는 아체 독립운동과 인도네시아 중앙정부 간의 무력 분쟁 피해자들, 특히 소외 집단의 피해자들을 돕는 것으로 이루어졌다. 이렇게 하다가 활동가들 사이에서 다시 여성 운동이 되살아났고 지역 여성단체들도 설립되었다. 그중 하나가 플라워 아체Flower Aceh인데 이 단체를 만든 수라이야 카마루짜만Suraiya Kamaruzzaman은 아체의 유명한 운동가이며 압 티암 힌Yap Thiam Hien 상(인권운동가이자 변호사인 얍 티암 힌의 이름을 딴 인도네시아 최고의 인권상) 수상자이기도 하다. 동티모르에서 독립 여부를 묻는 주민투표를 실시할 때, 아체에서도 독립 찬반 주민투표를 하자는 이야기가 들끓었다. 어떤 이들은 이러한 주민 발의가 무력 분쟁 해소에 도움이 될 것이라 말했다. 아체의 정치적 무력 분쟁을 해결하는 길은 '독립'이나 '주민투표' 그 둘 중 하나였다. 그러나 여성단체들은 2000년도 1차 아체여성대회에서 '평화'를 위한 캠페인을 펼쳤다. 아체여성대회는 기존 여성운동이 처음으로 벌인 큰 행사였는데 이들은 쓰나미 복구 기간 동안에는 지원 활동도 열심히 했다. 이때는 아체에서 활동하는 기부 단체 대다수가 여성과 젠더 문제에 관심을 가졌다. 복구 기간 동안 많은 교육과 역량 강화 프로그램이 여성들을 수혜 대상으로 삼았다. 재난과 분쟁 후 복구와 재건이 한창인 와중에, 2차 아체여성대회가 아체에서 활동하는 정부

기관과 NGO들, 특히 유엔여성개발기금UNIFEM의 지원을 받아 2006년도에 열렸다.

2008년 11월 11일, 아체는 타만 라투 사피아투딘에서 여성인권헌장을 선포했다. 이 헌장은 유엔여성차별철폐협약뿐만 아니라 이슬람의 가치와 원칙, 아체인의 정체성도 포함하고 있었는데 주지사, 지방의회 의장, 경찰청장, '울라마ulama'(종교 지도자) 위원회, '아다트adat'(문화) 위원회, 시민사회단체들이 이에 서명했다. 대중이 원할 때면 언제든 읽을 수 있도록 헌장은 인쇄되어 배포되었다. 초안 작성은 분쟁과 쓰나미 이후 아체에서 활동 중인 한 외국 단체가 도왔다. 지방정부의 정치적 의지에 따라 이 헌장이 어떻게 시행되고 채택될지 또는 아체 정부 기관의 개발 프로그램에 어떤 영향을 줄지는 아직 확실치 않다.

재난 후 농촌 여성의 역량 강화: 관찰 기록

앞서 언급했듯이, 쓰나미 복구와 재건 기간(2005~2008년)에 마을 단위로 여성들이 역량을 강화하고 능력을 키울 수 있는 기회를 제공했다. 이 과정이 모든 마을에서 똑같이 일어나지는 않았지만 프로그램 수혜자들은 대부분 여성이었다(Thorburn, 2007). 쓰나미 여파에 대한 보고서를 보면 여성들이 많이 참여한 마을은 그러지 못한 마을에 비해 재개발이 성공적으로 이루어졌다(같은 책).

여성의 참여를 높이는 방법은 다양했다. 현장에서 여성 조력자들을 다수 선발하기도 했고 일련의 워크숍에 여성들을 참여시켰으며 지역 사회 모임과 교육을 주관하기도 했다. 이러한 시도는 처음에는 인기가 없었다. 아체에서 활동하는 어떤 외국 단체의 사업에서는 여성이 50%나 되었다. 마을 핵심 그룹 2,500명 중에서 선발한 것이었다. 이 여성들 중 몇

몇은 마을의회, 위원회나 마을의 소액 대출이나 소액 금융 등 마을 자치 체계에서 중요 인물로 부각되었다. 재건 기간에도 여성들이 마을 자치에 참여하게 하려는 노력은 계속되었다. 지방정부 법령을 제정해 여성 참여를 공식화하자는 움직임이 시작되기도 했다. 몇몇 지역에서 이러한 시도는 성공을 거두었다. 아체바라, 아체자야, 아체베사르 지역을 시작으로 마을의회에 여성들을 참여시키는 프로그램이 피디자야, 아체셀라탄 등 쓰나미 피해를 입지 않은 다른 지역으로까지 확산되었다. 이 여성들은 여성 마을의회 연합을 위한 포럼을 개최함으로써 힘을 모았다.

2008년, 복구와 재건이 끝나자 피해 지역 대부분에서 여성 참여 증진의 노력이 줄어들었지만, 아체바라트 같은 지역에서는 여전히 지속되었다. 아체바라트의 여성 마을의회 연합 포럼은 2013년 아체여성상[4]의 단체상을 받았다. 이 포럼은 2009년 선거에 후보자를 내기도 했다. 그러나 많이 당선되지는 못했다. 정치를 하려면 능력 외에 로비와 정치 자금이 필요한데, 로비나 정치 자금은 여성들이 잘 할 줄 모르는, 잘 알지 못하는 것이기 때문에 그런 결과를 낳은 것이다. 그러나 전반적으로 여성의 사회 진출이라는 면에서 변화의 물결이 곳곳에서 보인다.

쓰나미 이후의 십 년

재건복구기관BRR이 사업을 종료한 2008년에 재난 비상 시기와 복구와 재건이 공식적으로 끝났다. 그때부터 아체에서 활동하던 정부 조직과 NGO들도 하나둘씩 사무실을 닫고 직원을 철수시키고 사업을 종료했다. 초기 상황과 비교해 볼 때, 이제 이 지역에는 대대적인 지역 사회 역량 강

4 매년 젠더 기반 폭력 해결과 평등을 위해 노력하는 아체 여성과 단체에게 주는 상이다.

화 프로그램은 없다. '전국 지역 사회 역량 강화를 위한 프로그램Program National Pemberdayaan Masyarakat' 같은 국가의 역량 강화 프로그램 몇 개만 남았을 뿐이다. 복구 단계가 끝나고, 재난 이후 십 년이 지난 뒤에 과연 여성들에게 무엇이 남았을까? 지방정부가 프로그램을 이어받아 계속 진행할 수 없는 곳에서는 분명 약간의 퇴보가 있었다. 농촌 지역에서는 행동주의의 기운이 많이 수그러들었지만 역량 강화 사업은 아직 조금 남아 있다. 그러나 마을과 구, 주 차원에서 이 문제에 대한 정치적 의지가 어떠한가에 따라 또는 개입 여부에 따라, 즉 지역의 정치 상황에 따라 차이가 있다.

여성 활동도 2004년부터 2008년까지의 기간과 비교하면 전반적으로 감소했다. 쓰나미 이후 생겨난 몇몇 여성 조직은 복구 재건 프로그램이 종료된 뒤로는 활동을 하지 않았다. 여전히 활동하는 여성 조직도 있지만 예전처럼 활동이 왕성하지는 않다. 여성 NGO나 다른 시민 사회 조직들도 마찬가지이다.

도전 과제

분쟁이 끝난 뒤, 미묘한 정치적 변화, 정부가 정한 우선순위, 정치의 복잡성은 쓰나미 피해 지역 주민들의 사회적 삶에도 영향을 주었다. 지원이 줄어들자 어떤 프로그램들은 중단되었다. 정부 고위관료나 지방의회 의원들은 여전히 젠더 문제를 제대로 이해하지 못하며 젠더 프로그램에 대한 지역 주민의 저항도 여전하다. 복구 기간에 비해 지원이 줄어들어 여성과 아동 같은 취약 집단은 더욱 어려워졌다.

정부와 의회에 참여하는 여성의 수는 크게 변하지 않았다. 여전히 여성 정치인의 수와 역할은 제한적이다. 여성을 위한 변화는 지속되지 않았고, 내적·외적 요인들로 인해 중요한 결과물도 없었다. 예를 들어, 모든 마을의 마을의회에 여성 대표들이 많았던 아체자야 구에서도 이제는 여성 대표의 수가 많이 줄었다. 지방정부의 관심과 우선순위가 이런 변화를 초래했는데 이런 상황의 개선이 하나의 힘든 과제가 되었다.

재난 후 경제력 강화 프로그램의 도움으로 일부 여성 수혜자들이 소규모 창업에 성공하긴 했지만, 그중 어떤 이들은 국가 경제와 지역 경제가 위기에 처하자 사업에 어려움을 겪었다. 그뿐만 아니라 사업을 그만두는 이들도 있었다. 예를 들면 보조금과 지원을 받기 위해 만들었던 여성 조직이 이익 배분 문제 등 갈등으로 분해되는 바람에 사업을 접을 수밖에 없는 경우도 있었다.

제도권 밖의 여성 운동은 건재하지만 의회 의원이나 고위 공무원이 된 여성은 아직 그 수가 매우 적다. 그것도 여성을 비롯한 소외 집단의 어려움이 해소되지 않는 이유 중 하나이다. 소외 집단이 정책과 사업 결정에서 목소리를 낼 수 있도록 여성들/여성 조직들이 지지와 응원을 보내는 것이 여전히 필요하다.

살아남은 여성 NGO들은 분쟁 후 복구 또는 평화 구축을 위해 계속 활동하고 있다. 그러나 재정적으로 풍부했던 그때와 달리 지금은 자금 지원이 줄어들어서 여성을 위한 다양한 사업을 벌일 수가 없다. 특히 지역 여성 NGO들은 재건 기간이 끝난 뒤로 형편이 매우 어려워졌다. 거의 모든 지역 시민사회단체들에게 재정 문제는 단체의 존속과 지역 사회 역량 강화 프로그램 지속에 큰 걸림돌이다. 안정적으로 잘 활동하던 단체들 중 다수가 재정 문제로 인해 활동을 줄이거나 잠정적으로 활동을 중단했다. 쓰나미 직후의 개발 프로그램들은 복구 단계 후까지 지속 가능한 '변화'를 만들어 내는 데에는 실패한 것이다.

결론

쓰나미가 일어난 뒤, 여성을 대상으로 경제력과 정치력 강화, 정치 참여, 그 밖의 능력 배양을 위한 다양한 복구 사업이 시행되었다. 이는 여성들의 삶에 일정 정도 영향을 주었으며 다양한 수준에서 변화를 낳았다. 그러나 쓰나미 이후 십 년이 지났는데도 여성 폭력, 법적 차별, 정치 참여 등 사회·정치적인 문제들이 여전히 여성들의 삶에 남아 있다. 단체들이 앞으로도 여성을 위한 활동을 하려면 단체의 재정 문제는 반드시 다루어야 할 문제이다.

이미 앞에서 언급했다시피, 아체 정부는 역량 강화 프로그램을 계속하는 데 최소한의 지원만 하므로 복구 때 시작된 프로그램들은 거의 중단되었다. 기부가 끊기자 소액 대출 단체들이 해체되는 등, 실제로 일부 지역의 예비 평가에서 복구 사업은 실패했다고 평가되었다. 복구 사업은 지역 공동체의 자립을 지원하고 기부자들의 외적 도움과는 상관없이 사업을 유지할 수 있게 해야 하는데, 현실적으로는 그러지 못했다.

이 글에서 살펴본 두 지역에서 몇 가지 교훈을 얻을 수 있다. 다른 유사한 상황에도 적용될 수 있으므로 이 교훈을 잘 정리하는 것이 필요하다. 재난은 사회의 취약 집단, 특히 여성들이 직면한 어려움에 관심을 갖게 하고 그것을 극복하는 출발점이 될 수 있다. 이런 관심은 스리랑카의 마을여성회 같은 조직이 더 활발히 활동하는 데 도움이 되고, 조직에서 여성들이 직책을 맡음으로써 리더십을 발휘하는 데에도 도움이 된다. 경제적 기반을 스스로 개발함으로써 이 여성들은 자신감을 키워 나갔다. 조직에 속한 여성들은 단체를 운영하고 우선순위를 정하고 문제를 해결하는 법을 배울 수 있었다. 그렇게 해서 자원의 할당 등에 대해 집단적인 의사 결정을 할 수 있었다.

예를 들어, 조직의 정관에 따라 체계적으로 일하는 것을 배움으로써, 어떤 여성 조직은 굿 거버넌스good governance를 실천할 수 있었다. 더 나아가 여성들은 정부 당국을 다루는 방식도 터득할 수 있었다. 이 모든 것이 독립적으로 여성들이 활동을 지속시키는 데 도움이 되었다. 함께한다는 것 때문에 여성들의 자신감이 높아졌고 높은 자신감 덕에 경제적인 성과를 꾸준히 낼 수 있었다. 스리랑카에서는 마을 여성들이 모여서 그런 일을 벌여가다 보니 다른 문제들, 즉 성적 학대, 폭력, 토지·재산 소유권 등 여성들이 겪는 어려움에 대응하는 능력까지 키울 수 있었다. 또한 정치인이나 공무원에게 압력을 행사할 줄도 알게 되었고, 자신들에게 필요한 서비스를 요구할 줄도 알게 되었다. 여성들이 집단적으로 하는 마을여성회를 만들어 자리를 잡게 되자 그 내부에 결집력, 단결력, 화합, 신뢰가 확고해졌고, 그런 힘을 바탕으로 더 광범위하게 다양한 문제를 제기하고 정치인이나 공무원에게 압력을 행사할 수 있게 된 것이다.

스리랑카의 사례에서, 피해 집단을 조직하고 행동하게 하는 접근법, 방법론에서 '구호, 복구, 개발의 연결'이라는 개념이 중요한 역할을 했다는 것을 알 수 있었다. 이와 같은 접근법은 재난 직후 힘든 시기에 생존을 위한 도움을 주는 단기적 개입, 그리고 빈곤과 취약성을 줄이기 위한 장기적인 노력을 기울이는 것을 포함한다. 여성 조직의 회원들이 자신감이 커져서 스스로 자기 권리를 주장하고 누릴 수 있게 하는 것까지 포함하는 것이다.

스리랑카에서도, 아체에서도, 경제적·정치적 역량 강화, 정치 참여, 시민 참여를 위한 활동은 여성들의 삶에 어느 정도 영향을 주었고 변화를 만들어 내기도 했지만, 여성의 삶을 힘들게 하는 사회적·정치적 문제들을 제기하는 집단적인 노력이 좀 더 필요하다. 앞으로 네트워크를 세우고 강화하면 이 여성 조직들이 더 많은 정치 참여를 할 수 있도록 해야 한다. 스리랑카에서는 독립적인 마을여성회의 설립으로 그 토대가 만들어졌으며, 그것은 네트워크 형성에 도움을 주었다. 그래서 여성들은 그들이 겪는 다른 문제들까지 제기할 수 있게 되어갔다.

요약하면, 재난 후 복구 국면은 그 지역 여성들의 삶과 운동에 새로운 역동성을 낳았지만, 지역 단체들과 정부 기관들이 그 노력을 계속해서 성과가 이어지게 하는 것이 필요하다. 여기서 얻은 중요한 교훈 하나는 지역 NGO와 긴밀하게 협조하며 활동하는 기금 지원 단체의 유연성이 중요하다는 것이다. 예를 들어 스리랑카의 경우, 기금 지원 단체는 지역 단체에 지원금 사용의 조건을 전혀 제시하지 않았으며, 지역 단체가 자원을 사용하기 편하게 해주었고, 정보와 지식을 제공해 주기도 했다.

예를 들어, 기금 지원 단체들은 '구호, 복구, 개발의 연결'이라는 개념을 받아들이고 지역 NGO가 참여적 방법으로 프로그램을 진행하는 것을 허용했고, 그렇게 해서 그 프로그램의 성공에 기여했다. 하지만 아체주의 경우, 정치적 변화와 함께 뿌리깊은 전통적 규범과 가치들이 여성중심의 프로그램을 장기적으로 발전시키는 데 걸림돌이 되었다. 복구 단계 이후에는 지방정부와 중앙정부의 정책 변화로 인해 몇 가지 문제점이 불거진 데다 복구 단계에 비해 자원이 줄어들었다. 그러므로 처음부터 NGO, 정부 기관과 함께 각 마을이 프로그램에 대한 소유권을 가져 피해지역 사람들, 단체들이 장기적으로 활동을 이어갈 수 있도록 해야 한다.

참고 문헌

Afriyanty, D. (2010), *Local women's NGOS and the reform of Islamic law in Aceh: Case Study of MISPI*. Melbourne: Asia Institute of Law School, University of Melbourne.

Christoplos, I. (2006), *Links between Relief, Rehabilitation and Development in the Tsunami Response: A Synthesis of Initial Findings.* London: Tsunami Evaluation Coalition (TEC).

Disaster Watch (2004), ARCHIVES—South Asia Tsunami 2004. Retrieved from http://www.disasterwatch.net/TsunamiFacts_archive.html#sri

Department of Census and Statistics, Sri Lanka (2004), Housing and Non Housing Building Units Damaged by the Tsunami 2004 Galle District. Retrieved from http://www.statistics.gov.lk/Tsunami/final/Galle/index.htm

Johoula, M. (2010), "Building back better?—Negotiating normative boundaries of gender Mmainstreaming and post-tsunami reconstruction in Nanggroe Aceh Darussalam, Indonesia." *Review of International Studies*, 36(1): 29-50.

Karunawathie, M. (2014). *Progress Reports (2006-2014).* Sri Lanka: Women's Savings Effort (WSE).

Seneviratne, K., D. Amaratunga, & R. Palliyaguru (2007), *Salford Quays*, UK: Research Institute for the Built and Human Environment.

Srimulyani, E. (2013), "Women, micro-finance and income generation after the political conflict and the tsunami in Aceh." *Asian Journal of Women Studies*, 19(1): 93-112.

Suryakusuma, J. (1996), "The State and Sexuality in New Order Indonesia," in L. Sears (ed.), *Fantasizing the Feminine in Indonesia* (pp. 92-119). Durham and London: Duke University Press.

Thorburn, C. (2007), The Acehnese gampong three years on: Assessing local capacity and reconstruction assistance in post tsunami Aceh [Aceh Community Assistance Research Project (ACARP) report]. Retrieved from http://www.researchgate.net/profile/Craig_Thorburn/publication/269931086_The_Acehnese_Gampong_Three_Years_On_Assessing_Local_Capacity_and_Reconstruction_Assistance_in_Post-Tsunami_Aceh/links/5499cc840cf21eb3df60de3c.pdf

• 저자 소개 •

(집필순)

수타누카 바타차리야 Sutanuka Bhattacharya는 2005년부터 평등을 추구하는 사포Sappho for Equality에서 자원봉사자로 활동하면서 비규범적인 젠더와 섹슈얼리티에 대한 의식을 고취시키려는 조직의 공동 목표를 성취하기 위해 여러 방면으로 노력했다. 2014년 5월 하이데라바드에 있는 타타 사회과학연구소Tata Institute of Social Science 여성학과에서 석사학위를 받았다.

웨이팅팅Wei Tingting은 대학에서 사회학과 인류학을 공부했다. 중국의 영 페미니스트 운동가로 2007년, 2009년에 중국 우한Wuhan에서 연극 〈버자이나 모놀로그〉를 기획했다. 2010년부터 페미니스트 운동과 LGBT운동에 참여하기 시작했고 중국 라라연맹LALA Alliance과 레즈+같은 레즈비언 단체에서 활동했다. R&B중국양성애네트워트, 베이징 비치Beijing Bitch를 포함한 여러 단체의 공동 설립자이기도 하다. 여가 시간에 섹슈얼리티와 젠더 관련 문제들에 대해 공부하고 글도 쓴다. 2015년 3월 7일 중국 당국에 체포된 페미니스트 중 한 명이다.

텡구 누어 파질라 텡구 하산 Tengku Nur Fadzilah Tengku Hassan은 말레이시아 케방산 대학교Universiti Kebangsaan Malaysia 수학과를 졸업했으며, 켈란탄재생산건강연합Reproductive Health Association of Kelantan에서 켈란탄 지역 매니저로 근무하면서 세인스말레이시아대학교Universiti Sains Malaysia 의대에서 여성 건강으로 석사 과정을 밟고 있으며, 대학원에서 매맞는 여성들의 대처 방안을 연구하고 있다. 관심 분야는 여성 건강과 젠더에 기반한 폭력, 특히 여성을 대상으로 한 폭력이다.

시티 하와 알리 Siti Hawa Ali는 세인스말레이시아대학교Universiti Sains Malaysia 보건대학

조교수이다. 그녀는 영국 캔터베리에 있는 켄트대학교University of Kent에서 사회사업 석사와 자격증CQSW을 받은 사회복지사이다. 아동 학대뿐만 아니라 친밀한 관계에서 여성이 당하는 폭력을 중점적으로 연구하고 있으며, 또한 폭력을 당한 이들을 지원하는 보건 업무를 증진시키 위해 적극 노력하고 있다.

하림 살레 Halim Salleh는 급격한 산업화를 겪은 제3세계의 건강 추이, 공중보건의 발달과 문제를 전공한 사회인류학자이다. 호주 모내시대학교Monash University와 영국 서섹스의 개발학연구소Institute of Development Study를 졸업했다. 30년 넘게 대학에서 강의하고, 연구했으며 행정직에 있었다. 말레이시아 산업화의 사회적 영향과 공중보건의 발달과의 관계 속의 사회경제적·정치적 문제를 연구하고 있다.

로트바테이 소반 Rotvatey Sovann은 프놈펜 왕립대학교Royal University of Phnom Penh에서 심리학 학사와 프놈펜 외국어대학Institute of Foreign Languages 영문과에서 교육학 학사를 받았다. 2012년부터 프놈펜에서 상담하고 네트워크를 형성하는 간사로 활동했으며, 2011년부터 2012년까지는 캄보디아, 캄퐁 스페우 주에서 유아와 개발Enfants and Development의 성재생산 건강 상담사로 일했다.

비달샤니 나디샤 페레라-데실바 Vidarshani Nadeesha Perera-Desilva는 의류공장 여성 노동자들과 초등학교 여학생들을 대상으로 심리 상담을 하고 있다. 스리랑카 콜롬보대학교University of Colombo를 졸업했고 스리랑카 재단협회Sri Lanka Foundation Institute에서 상담사 교육을 받았다. 풀뿌리 차원에서 여성단체들을 만들고자 하는 단체 STAND의 창립 멤버로서 강의에 열정을 지녔으며 웅변과 연기도 가르친다. 현재 스리랑카 페라데니아대학교University of Peradeniya에서 심리학 석사과정을 밟고 있다.

레나타 산디 리브라서란 Renata Sandhi Libraswulan은 타파눌리 세라탄, 메단, 자카르타에 기반을 둔 권익옹호관advocacy officer으로 지역 사회 투쟁 강화 단체Organization of Strengthen Community's Struggle에서 활동하고 있으며 인도네시아 플랜테이션 노동조합SERBUNDO에서는 부간사로 일하고 있다. 2004년 반다르람풍에 있는 람풍대학교Lampung University에서 커뮤니케이션 전공으로 학사를 받았다. 쓰나미 후, 2006년부터 아체 주 지역 사회 개발 프로젝트에 참여하고 있으며 2011년부터는 플랜테이션 노동자들을 위한 권익 옹호 사업을 열심히 하고 있다. 야자유 플랜테이션 노동자 문제 담당자로 풍부한 현장 경험을 지녔으며, 2013년 원칙과 기준을 정하려는 지속 가능한 야자유협의회Roundtable on Sustainable Palm Oil에도 참여했다.

레하나 와가 Rehana Wagha는 머지 개발재단Mauj Development Foundation에서 일하고 있다. 국제관계학으로 석사를 받았으며 현재 파키스탄 이슬라마바드에 있는 콰이드이아잠대학교Quaid-i-Azam University, 국립 파키스탄연구소National Institute of Pakistan에서 박사과정을 밟고 있다. 콰이드이아잠대학교의 젠더학 우수연구소Center of Excellence in Gender Studies 객원강사를 포함해, 이슬라마바드에 있는 여러 대학에서 강의를 하고 있다. 2013년에 4차 이화 글로벌 임파워먼트 프로그램에 참석했으며, 남아시아 페미니스트 연합South Asia Feminist Alliance의 창립 멤버로서 뉴델리에서 여성의 경제적·사회적·문화적 권리에 대한 프로그램Programme on Women's Economic, Social, and Cultural Rights에도 참여했다.

디로롬콘 쇼디에바 Diloromkhon Shodieva는 우즈베키스탄 출신으로 23세이다. 페르가나폴리테크닉대학Fergana Polytechnic Institute을 졸업하고 현재는 기후 변화 적응을 위한 여성들의 역량 강화 프로그램 시행을 담당하는 지속 가능한 개발 교육 전문가로 산악여성단체Women of Mountain Group에서 일하고 있다.

나데이다 박히토바 Nadejda Vakhitova는 1985년에는 경공업대학Institute for Light Industry을 졸업했고 1991년에는 사범대Pedagogic University를 졸업했다. 그녀는 초등학생들에게 생태학을 가르치고 있으며 2004년부터는 직업의 일환으로 성인교육을 담당하고 있다. 현재 산악여성단체Women of Mountain Group의 코디네이터이다. 지역 주민들뿐만 아니라 교사와 학생들을 대상으로 한 생태학 교육 자료도 만들었다.

리리야 아바조바 Liliya Abbazova는 산악여성단체Women of Mountain Group의 기후 변화 전문가이다. 생태학 석사로 태국에서 개발도상국의 기후 변화 적응에 대한 출판을 지원하고자 하는 아시아 라이트숍writeshop에서 교육을 받았으며 불가리아에서는 유기농법을 배웠다. 2003년부터 기후 변화 문제를 다루었으며 환경 보호와 기후 변화 적응에 관한 책을 여러 권 출판했다. 현재 기후 변화 적응 가능성 프로그램 시행을 주도하고 있다.

디안 레스타리닝시 Dian Lestariningsih는 인도네시아 가자마다대학교Gadjah Mada University에서 정치행정학 연구원으로 채취산업 관리를 연구하고 있다. 인도네시아 인도주의 포럼Humanitarian Forum Indonesia과 재난 위험 경감을 위한 전국 플랫폼National Platform for Disaster Risk Reduction 구성원으로도 활동했다. 현재 아태지역 채취산업 관련 정책 개혁을 감독하는 가자마다대학교 아태 허브 관리자로 활동한다.

와리야툰Wariyatun은 인도네시아 욕야카르타 반툴에서 태어났다. 1999년부터 줄곧 NGO에서 활동했으며, 현재는 사하밧 페렘푸안 재단Sahabat Perempuan Foundation 소장으로 일하고 있다. 2011년 포드재단의 국제 장학금을 받아, 젠더와 발전을 전공으로 석사과정을 밟았다.

자야 시리바스타바 Jaya Shrivastava는 인도 러크나우 B.B. 암베카(중앙)대학 사회학과 조교수로 젠더 연구와 사회노년학에 관심을 갖고 있다. 저서로는 『정치사회학*Political Sociology*』이 있으며, 논문으로 "페미니즘 이론에서 로히아 위치지우기Locating Lohia in Feminist Theory"와 "인도의 고령화와 노인을 위한 적극적 조치 정책 방향 전환의 필요성Population Ageing and Affirmative Policy for the Eldery in India: A Need for Policy Reorientation"이 있다. 미국 휴스턴-클리어 레이크대학교에서 "세계화, 환경 의식과 젠더"에 대한 박사후 연구를 했다.

랑가비 탄창야 Rangabi Tanchangya는 2013년부터 방글라데시 법률 구조와 서비스 신탁Bangladesh Legal Aid and Services Trust에서 토착민과 여성 인권 활동가로 일하고 있다. 그 이전에는 UN 개발 프로그램-치타공 산악 지대 개발 기관의 젠더부에서 젠더 역량 강화 담당자로 5년간 일했다. 방글라데시국립대학교를 졸업하고 방글라데시남부대학교에서 행정경영학 석사를 마쳤다. 공정한 재판과 평화 구축을 위한 중재에 관심을 갖고 있다. 위험을 무릅쓰고 분쟁 지역에서 활동한 경험이 있으며 방글라데시 치타공 산악 지대 주민들에게 인권 교육을 시키고 여성들의 역량을 강화함으로써 사회적 화합을 이루려 노력하고 있다.

르와니 레누카 Ruwani Renuka는 대학에서 사회학을 전공했고 소액 금융 사업, 참여 개발, 농촌 여성의 리더십, 여성 조직 구축, 시민 참여와 협치를 위한 네트워크 등의 여성 운동을 했다. 의류산업 여성 노동자들의 노동 조건에 대해 연구했으며 2005년부터 스리랑카 전국여성단체National Women's Collective of Sri Lanka의 자원 코디네이터로 일했다.

에카 스리뮬라니 Eka Srimulyani는 인도네시아 반다아체에 있는 아르라니리 이슬람 주립 대학교Islamic State University of Ar-Raniry의 사회학과 교수이다. 호주 외교무역부를 통해 아체 주에서 쓰나미 이후 역량 강화 프로그램과 평화 노력에 참여했고, 2007년부터 2012년까지는 호주 정부 프로젝트에, 2014년에는 아체 마을 지원 연구 프로젝트에도 참여했다. 특히 젠더 문제와 여성들의 역량 강화 프로그램을 담당했다. 아체와 인도양 국제연구센터와 싱가포르 난양기술대학교의 싱가포르 지구 관측Earth Observatory of Singapore이 공동으로 하는 아체 주 쓰나미 원조의 결과를 평가하는 프로젝트 연구팀 일원이다.

우리들의 목소리 2

아시아 페미니즘과 여성 운동의 현장

펴낸날 초판 1쇄 2016년 1월 7일
기획 이화여자대학교 아시아여성학센터
엮은이 장필화 · 이명선
펴낸이 김훈순
펴낸곳 이화여자대학교출판부
주소 서울특별시 서대문구 이화여대길 52(우120-750)
등록 1954년 7월 6일 제9-61호
전화 02) 3277-2965(편집), 02) 362-6076(마케팅)
팩스 02) 312-4312
전자우편 press@ewha.ac.kr
홈페이지 www.ewhapress.com
찍은곳 한영문화사

ISBN 979-11-5890-140-0 94330
979-11-85909-13-4 (세트)
값 16,000원

* 잘못된 책은 바꾸어 드립니다.

이 도서의 국립중앙도서관 출판시도서목록(CIP)은 서지정보유통지원시스템 홈페이지(http://seoji.nl.go.kr)와 국가자료공동목록시스템(http://www.nl.go.kr/kolisnet)에서 이용하실 수 있습니다.(CIP제어번호: CIP2015035895)